MODA ÍNTIMA DA PRÁTICA À TEORIA

UM GUIA COM ESTRUTURAS E FUNDAMENTOS PARA O DESENVOLVIMENTO DE LINGERIES

Catalogação na Fonte
Elaborado por: Josefina A. S. Guedes
Bibliotecária CRB 9/870

M338m 2023

Marinho, Raquel
Moda íntima da prática à teoria : um guia com estruturas e fundamentos para o desenvolvimento de lingeries / Raquel Marinho. - 1. ed. - Curitiba: Appris, 2023.
259 p. : il. color. ; 23 cm.

Inclui referências.
ISBN 978-65-250-4119-3

1. Roupas íntimas femininas. 2. Desenho de Moda. 3. Modelos (Arte) – Aspectos sociais. 4. Tecidos. I. Título.

CDD – 646.42

Livro de acordo com a normalização técnica da ABNT

Editora e Livraria Appris Ltda.
Av. Manoel Ribas, 2265 – Mercês
Curitiba/PR – CEP: 80810-002
Tel. (41) 3156 - 4731
www.editoraappris.com.br

Printed in Brazil
Impresso no Brasil

Raquel Marinho

MODA ÍNTIMA DA PRÁTICA À TEORIA

UM GUIA COM ESTRUTURAS E FUNDAMENTOS PARA O DESENVOLVIMENTO DE LINGERIES

Appris editora

Para as minhas Mãe e Avó materna (in memoriam),
que me apresentaram e inseriram na intimidade das
roupas, e a todas as mulheres que empreenderam
e continuam empreendendo em moda, lingerie,
conhecimento e autoestima.

AGRADECIMENTOS

Todas as palavras são incapazes de traduzir a minha imensa gratidão a todos que me apoiam, contribuindo direta e indiretamente para o meu desenvolvimento pessoal, profissional e acadêmico. Agradeço especialmente aos amigos e parceiros profissionais, Claudia Lima e Kleber Correia, pelo envolvimento e contribuição para realização deste livro, bem como o suporte e amparo das amigas e companheiras nessa jornada acadêmica Isabel Pérez Ortega, Maria de Jesus Farias Medeiros, Solange Siqueira, Fernanda Farias Kreitlow, Regina Almeida e Rafaelle Moura, pessoas estimadas que acreditaram neste trabalho e cooperaram para a concretização deste. Muito obrigada!

— Porque fazes tais coisas?

— Livre sou, e nessa liberdade posso sonhar e criar.

— Que louco, a ti concedeu tal liberdade?

— A louca vontade de uma tesoura usar.

— O que cortastes tanto?

— Algodão, sedas, nylons, rendas, regras e
pensamentos opressores que me impediam de voar!

(Raquel Marinho e Rebeca Marinho)

APRESENTAÇÃO

Escrever é procurar entender, é procurar reproduzir o irreproduzível, é sentir até o último fim o sentimento que permaneceria apenas vago e sufocador. Escrever é também abençoar uma vida que não foi abençoada.

(Clarice Lispector)

O livro *Moda íntima da prática à teoria* chega em um momento bastante oportuno, há tempos os cursos de Moda, os profissionais do setor têxtil e de vestuário da moda íntima demandam de uma obra desta envergadura. A autora, Raquel Marinho, é uma profissional com bastante experiência e propriedade para escrever sobre esse assunto tão complexo, mas expresso de uma forma tão simples, leve e envolvente. Essa moça elegante, extrovertida, inteligentíssima e "bem à frente do seu tempo", presenteia-nos com essa obra excelente. Pode soar estranho o uso dessa expressão no momento em que vivemos, em face a explosão dos movimentos sociais em defesa da inclusão das minorias, dos discursos e ações que exaltam o empoderamento feminino, a justiça, a questão de gênero, do combate à gordofobia, entre outros assuntos sob a visão antropológica e psicossociológica. Mas tudo isso já está arraigado em Raquel, dos seus debates acalorados nas salas de aulas, auditórios, nos simpósios e convenções, ela sempre consegue trazer essas questões nos conteúdos. Esse é o grande diferencial dessa grande professora, pesquisadora e profissional.

O livro *Moda íntima da prática à teoria* já sugere a partir do título a inversão da ordem do discurso, que segundo a autora, é o propósito dela mostrar a verdade de como se deu sua construção. A forma como ela apreendeu o conhecimento com sua vivência sobre a construção das roupas. Pois, antes da universidade, da teoria, ela conheceu a prática, um conhecimento e experiência prática que na academia ela soube aliar a teoria por meio das experimentações nas confecções, ateliês e oficinas de moda íntima, com muita clareza e objetividade.

Além do conteúdo escrito, a autora se preocupou com a representação gráfica e termo correto que codifica cada produto citado nesse livro, o que facilita a compreensão para os leigos, e fonte de pesquisa para os estudantes, um verdadeiro e inédito manual de referências e terminologia técnica da moda íntima. O cuidado da autora em explicar de forma verbal e não verbal enriquece, valoriza a obra, tornando-a uma verdadeira fonte bibliográfica de fundamental importância para os cursos de moda do país, como também para as empresas da cadeia têxtil e de confecções.

Fortaleza, Brasil

Regina Almeida

Mestra em Políticas Públicas e Gestão da Educação Superior – Universidade Federal do Ceará (UFC, 2009); especialização em Gestão Universitária (UFC, 2007); bacharel em Estilismo e Moda (UFC, 2003); professora e coordenadora do CST Design de Moda do Uniateneu e dos cursos de pós-graduação dos eixos de Moda e Design; membro do projeto de extensão Movimento Moda Inclusiva Ceará (Parceria UFC/Uniateneu); Avaliadora do Basis/Inep/MEC; coordenadora da Comissão Própria de Avaliação do Centro Universitário Ateneu; membro da Câmara Setorial de Moda da Agência de Desenvolvimento Econômico do Ceará (Adece); representante do Uniateneu; pesquisadora de tendências, artes, moda; economia criativa; moda inclusiva; evasão universitária e sustentabilidade

PREFÁCIO

Este libro es una invitación honesta a desnudar, de manera amena, clara y ágil, algunos de los procesos de creación y desarrollo de la lencería femenina en el Brasil contemporáneo.

Este viaje es capitaneado por una mujer que no solo ha caminado airosa entre talleres de diseño y confección de prendas íntimas femeninas, sino que también hace brecha en el ámbito de observación de fenómenos socioculturales, desde perspectivas antropológicas y sociológicas; esto le permite ofrecerte un texto que, usando las lupas propias de las ciencias sociales aplicadas a la investigación académica, resulta en un ejercicio de conocimiento sensible sobre la lencería femenina como entramado cultural.

Es de resaltar que, no obstante, la rigurosidad de esta guía que –mediante referencias de autores especializados y el uso de tablas, cuadros e ilustraciones– repasa las estructuras y los fundamentos que permiten clasificar el conjunto de fases sucesivas y necesarias para la elaboración de ropa interior femenina, así como las descripciones de nociones como estilo, funcionalidad y finalidad; termina siendo una invitación desprendida y sensible para hacer crecer el conocimiento acerca de quiénes somos (en tanto cuerpo y en cuanto cultura) nosotros: los consumidores de este tipo de prendas.

Así, este material de consulta está diseñado para orientar a las personas interesadas en clarificar ideas y conceptos en torno al desarrollo de la lencería femenina, así como para aquellos que se interesan profesionalmente en el conocimiento técnico especializado; ya que este compilado aporta claves para analizar y reestructurar la categorización de piezas íntimas femeninas de uso cotidiano y que guarda un conjunto de procesos que tienen lugar en determinados marcos socioculturales cambiantes como es el caso del Brasil contemporáneo.

La autora, en la primera parte, comienza ofreciendo, desde un ámbito académico, además de una definición sobre procedimientos o recursos para desarrollar una prenda íntima, ofrece una perspectiva sociocultural y contextualizada del concepto de lencería. Avanza delimitando las diferencias entre los conceptos de Público Objetivo vs. Mercado Objetivo, así como definiciones de mercado, nicho y segmento, elementos fundamentales para comprender la diversidad de los consumidores de lencería femenina; de allí, desglosa la idea de "patrón" o estandarización de la moda de la lencería femenina, enfatizando las diferencias entre los tipos, formas y tamaños de cuerpos de las mujeres. También incluye un repaso de los usos de la ropa interior femenina en relación con periodos de vida diferentes.

En la segunda y tercera partes, la autora jerarquiza los tipos de productos que integran el universo de la lencería a través de la mirada de los consumidores quienes establecen su elección con base en la funcionalidad de estas prendas; luego, las clasifica por conceptos: básico, funcional y ornamental, según su finalidad. De allí, avanza hacia el concepto de estilo que, integrado con el de funcionalidad, llevan a señalar los complejos procesos de diseño y manufactura de líneas integradas por una amplia gama de productos con características propias y que, según su estructura, estética, materiales, entre otros, puede nombrarse minimalista, confortable, casual, clásica, o sensual, por ejemplo. De apariencia simple, pero que esconden un complejo proceso de elaboración. En esta clasificación, la autora repasa también la idea "Ropa para el hogar" señalando las diferencias que inspiran este tipo de piezas y que pueden usarse para contextos públicos o exteriores. Bajo la misma línea, no queda fuera la manufactura de prendas íntimas para la parte superior del cuerpo de las mujeres.

De manera que este libro es un franco y seductor –quizá sin proponérselo- llamamiento a desvelar los enigmas que completan los procesos de diseño, de confección, de selección de insumos y de tipos de manufactura de la lencería femenina en el nordeste de Brasil. A través de la información que entrega, permite identificar nociones tan reservadas como interesantes que integran el proceso de manufactura de piezas tan cercanas a la piel de quienes las consumen a lo largo de sus etapas (e incluso momentos) vitales.

El trabajo que tienes entre las manos es, definitivamente, un diálogo entre la observación científica y el sumario de elementos que constituyen la producción la ropa íntima femenina, entendida como una creación cultural rebosante de historias de vida, de visiones de mundo, del reconocimiento de la gran diversidad de formas y tamaños de cuerpos, de la adaptación de las ideas sobre ropa íntima a los cambiantes contextos económicos; es también un reflejo de los cambios en las corrientes de pensamiento y que dan cuenta de la evolución tecnológica de materiales y maquinaria, entre otros. Es también, una reflexión sobre la elaboración y consumo de la ropa íntima femenina como un constante proceso de resignificación de los paradigmas alrededor de los cuerpos de las mujeres en las sociedades globalizadas en las que vivimos.

Ciudad de Santander, España

Isabel Pérez Ortega

Coordinador del PDI del
Departamento de Educación de la Univerdidad de Cantabria

Orcid: 0000-0003-3825-9272

PREFÁCIO (tradução)

Este livro é um convite sincero a revelar, de forma agradável, clara e ágil, alguns dos processos de criação e desenvolvimento da *lingerie* feminina no Brasil contemporâneo.

Esta viagem é liderada por uma mulher que não só caminhou graciosamente entre as oficinas de *design* e confecções de roupas íntimas femininas, mas também realizou um avanço no campo da observação de fenômenos socioculturais, desde perspectivas antropológicas e sociológicas; isso lhe permite oferecer um texto que, usando as lupas das ciências sociais aplicadas à pesquisa acadêmica, resulte em um exercício de conhecimento sensível sobre a *lingerie* feminina como marco cultural.

Refira-se que, no entanto, o rigor deste guia, que — através de referências de autores especializados e da utilização de tabelas, quadros e ilustrações — revê as estruturas e fundamentos que permitem classificar o conjunto de fases sucessivas necessárias à elaboração das roupas íntimas femininas, bem como descrições de noções como estilo, funcionalidade e propósito; acaba sendo um convite desapegado e sensível para aumentar o conhecimento sobre quem somos (como corpo e como cultura): os consumidores desta categoria de roupa.

Assim, este material de referência visa orientar as pessoas interessadas em esclarecer ideias e conceitos em torno do desenvolvimento da *lingerie* feminina, bem como aquelas que se interessam profissionalmente por conhecimentos técnicos especializados; pois esta compilação fornece chaves para analisar e reestruturar a categorização das peças íntimas femininas de uso cotidiano e que guarda um conjunto de processos que ocorrem em determinados quadros socioculturais mutantes, como é o caso do Brasil contemporâneo.

A autora, na primeira parte, começa por oferecer, no âmbito acadêmico, além de uma definição de procedimentos ou recursos para desenvolver uma roupa íntima, oferece uma perspectiva sociocultural e contextualizada do conceito de *lingerie*. Ela avança delimitando as diferenças entre os conceitos de público-alvo *vs.* mercado-alvo, bem como definições de mercado, nicho e segmento, elementos fundamentais para entender a diversidade das consumidoras de "*lingerie*" feminina; a partir daí, ela quebra a ideia de "padrão" ou uniformização da *lingerie* feminina, enfatizando as diferenças entre os tipos, formas e tamanhos do corpo feminino. Também inclui uma revisão dos usos de roupas íntimas femininas em relação a diferentes períodos de vida.

Na segunda e na terceira parte, a autora classifica as categorias de produtos que compõem o universo da *lingerie* pelo olhar dos consumidores que estabelecem sua escolha a partir da funcionalidade dessas peças; em seguida, ela os classifica por conceitos: básicos, funcionais e ornamentais, de acordo com sua finalidade. A partir daí, caminha-se para o conceito de estilo que, integrado ao de funcionalidade, leva a evidenciar os complexos processos de *design* e de fabricação de linhas constituídas por uma vasta gama de produtos com características próprias e que, dependendo da sua estrutura, estética, materiais, entre outros, pode ser denominado minimalista, conforto, casual, clássico ou sensual, por exemplo. Simples na aparência, mas escondem um processo de fabricação complexo. Nesta classificação, a autora também revê a ideia "Roupas para ficar em casa" apontando as diferenças que inspiram esta categoria de peças e podem ser utilizadas em contextos públicos ou ao ar livre. Na mesma linha, em que não exclui a fabricação de roupas íntimas como roupa de fora, como proposta de vestuário para mulheres.

Portanto, este livro é uma chamada franca e sedutora — talvez sem intenção de desvendar — os enigmas que completam os processos de *design*, preparação, seleção de insumos e categorias de fabricação de moda íntima feminina no Nordeste do Brasil. Através das informações que disponibiliza, permite identificar noções tão reservadas quanto interessantes que constituem o processo de fabricação de peças tão próximas da pele de quem as consome ao longo das suas fases (inclusive momentos) vitais.

O trabalho que você tem nas mãos é, definitivamente, um diálogo entre a observação científica e a síntese dos elementos que compõem a produção da roupa íntima feminina, entendida como uma criação cultural repleta de histórias de vida, visões de mundo, reconhecimento da grande diversidade de formas e tamanhos do corpo, da adaptação de ideias sobre peças íntimas a contextos econômicos em mudança; é também um reflexo das mudanças nas correntes de pensamento e que respondem pela evolução tecnológica dos materiais e maquinários, entre outros. É também uma reflexão sobre a elaboração e o consumo da roupa íntima feminina como um processo constante de ressignificação dos paradigmas em torno do corpo feminino nas sociedades globalizadas em que vivemos.

Cidade de Santander, Espanha

Isabel Pérez Ortega

Coordenadora do PDI do
Departamento de Educação da Univerdidade da Cantabria

Orcid: 0000-0003-3825-9272

LISTA DE SIGLAS

ABIT	Associação Brasileira da Indústria Têxtil e de Confecções
ABNT	Associação Brasileira de Normas Técnicas
Afinco	Associação das Indústrias da Moda de Nova Friburgo e Região
APL	Arranjo Produtivo Local
Fevest	Feira de Vestuário e Têxtil de Nova Friburgo
Firjan	Federação das Indústrias do Estado do Rio de Janeiro
PCP	Planejamento e Controle de Produção
SAC	Serviço de Atendimento ao Consumidor
Sebrae	Serviço Brasileiro de Apoio às Micro e Pequenas Empresas
Sindivest	Sindicado das indústrias de Vestuário de Nova Friburgo e Região

SUMÁRIO

- PARTE II -

LINGERIE, PRA QUE TE QUERO?

- PARTE III -

COM QUE LINGERIE EU VOU?

INTRODUÇÃO

No nosso cotidiano profissional ao longo de anos de *expertise* e vivência no segmento da *lingerie*, com dedicação em costura, modelagem, criação, planejamento de coleções e *marketing*, ou na vida acadêmica como aluna ou professora, observamos a necessidade de um material para consulta sobre *lingerie*, com conteúdo capaz de contribuir para o aprendizado de jovens estudantes e de profissionais.

Apesar dos diversos cursos de moda íntima, oferecidos por todo o Brasil, sejam estes cursos de costura ou modelagem, técnico ou superior, verificamos no campo acadêmico a ausência de uma matéria, disciplina ou textos específicos em *lingerie* que venham promover relativo aprofundamento, e que contribuam com um encantamento a ponto de fazer um estudante dizer: "Putz! É nesse segmento que eu quero trabalhar".

Um material objetivo, fundamentado na vida prática, no qual acreditamos contribuir tanto na iniciação acadêmica, quanto no cotidiano do desenvolvimento de produtos em moda íntima. Esse aprofundamento pode ser feito nos demais segmentos, contudo, por trabalharmos na moda íntima, percebemos essa lacuna, e observamos inclusive, uma certa confusão sobre os conceitos que envolvem a *lingerie*, ao que ela se refere, ao que é possível desenvolver, dialogar, mudar, classificar, adaptar, por exemplo, o *shapewear* e seus níveis de compressão.

Importante compreendermos que *lingerie*, roupa íntima, peça íntima, *underwear* são variações do termo moda íntima, um segmento do vestuário que fala de intimidade, dialoga com o corpo e o íntimo de quem a consome, seja o indivíduo que a veste ou o expectador. Sendo este segmento tão íntimo, por que não o conhecermos na intimidade? Tal obsessão levou-nos a perceber que no Nordeste, em parte da região Sudeste e da região Sul do território brasileiro, em consultorias e pesquisas de campo, recorremos a perguntas-chaves com a finalidade de elucidar a questão mencionada anteriormente. Percebemos que muitos atores da moda íntima ficaram surpresos com perguntas aparentemente simples, tais como:

Sua marca atua na moda íntima feminina, atendendo que nichos específicos?

Como você classifica a *lingerie* que você cria?

Como você categoriza a moda íntima que você produz?

Quais conceitos você atribui às suas roupas íntimas?

Que linhas de produto sua marca de *lingerie* contempla?

Quais categorias de peças íntimas você desenvolve?

Curioso não!? Principalmente, se considerarmos que a indústria de moda íntima brasileira integra os setores têxtil e de confecção, um mercado que se destaca entre os cinco maiores produtores e consumidores de denim do mundo; no ano de 2019 o setor se colocou entre os quatro maiores produtores mundiais de malhas, com representação de 11,0% dos empregos e 6,6% do faturamento da indústria de transformação; o Brasil é a maior cadeia têxtil completa do Ocidente (somente o Brasil mantém desde a produção das fibras, como plantação de algodão, até os desfiles de moda, passando por fiações, tecelagens, beneficiadoras, confecções e forte varejo); o Brasil é referência mundial em design de moda praia, jeanswear e homewear, tendo crescido também os segmentos de fitness e lingerie; em 2019, o setor contemplou um faturamento de R$185,7 bilhões e investiu a soma de R$ 3,6 bilhões; no mesmo ano obteve uma produção média de confecção em 9,04 bilhões de peças e produção média têxtil de 2,04 milhões de toneladas; ainda em 2019 oportunizou 1,5 milhão de empregos diretos e 8 milhões se adicionarmos os empregos indiretos e efeito renda, dos quais 60% são de mão de obra feminina; deteve em 2020 aproximadamente 25,5 mil empresas formais em todo o País; colocando-se em 2019 como segundo maior empregador da indústria de transformação, perdendo apenas para alimentos e bebidas; tendo em 2019 mais de 50 cursos voltados para moda, entre técnicos e graduações em diversas instituições de ensinos espalhados em 11 estados; conforme os dados gerais setoriais divulgados pela Associação Brasileira da Indústria Têxtil e de Confecções — ABIT[1] no perfil do setor.

Nesse setor com tamanha relevância que a moda íntima se apresenta, despontando entre os mercados de grande importância dado o volume de negócios gerados (entre produção, faturamento e empregabilidade), com polos produtivos em São Paulo capital e interior; Nova Friburgo – RJ; Juruaia – MG; Guaporé – RS; Taquaral – GO; no Estado do Ceará, destacam-se cinco 5 polos produtores de moda íntima, Fortaleza e Região

[1] Dados gerais do setor têxtil e confecção. *Cf.* ABIT. Perfil do setor. Abit, 1 fev. 2021. Disponível em: https://www.abit.org.br/cont/perfil-do-setor. Acesso em: 10 out. 2021.

metropolitana, Frecheirinha, Iguatú, Limoeiro do Norte, Sítio Alegre entre outros municípios.

Infortunadamente, dada as condições criadas pelo mercado informal e a ausência de unidade e representatividade do setor de moda íntima, os números formais apresentados por poucas pesquisas[2] são subdimensionados e passam longe da realidade em demonstrar os dados que envolvem e compõem a relevância da moda íntima no Brasil, especialmente, no que tange à produção, logística, empregabilidade e comercialização do segmento[3].

Em uma análise rápida, observando unicamente o mercado de bojos para lingerie, com observação a duas empresas de importante relevância no cenário nacional delfa bojos[4] *vs.* bojotek[5]. Segundo o Sr. Manoel Trajano[6], diretor da empresa de bojos delfa (líder no mercado de bojos no Brasil), a empresa produz e comercializa em média entre 4,5 a 5 milhões de pares de bojo ao mês para lingerie, uma variação proveniente da multiplicidade de modelos e complexidade produtiva, tendo uma distribuição para todo o cenário nacional. Para Maurício Milhomens[7], CEO da empresa de bojos bojotek, somente para os polos de Juruaia e Taquaral são distribuídos 2,5 milhões de pares de bojos mês, especificamente para o mercado de *lingeries*, sem contar os números dos demais polos. Se somarmos dados das demais indústrias de bojo, como Nova Dublagem, Modelle, Minas bojos, entre outros, os números se multiplicam, e os poucos números apresentados nas pesquisas, tornam-se irrelevantes diante do mercado existente.

Em outra observação, somente no polo de Frecheirinha, no Ceará, concentram-se pouco mais de 30 indústrias especializadas em lingerie, com produção diária que varia entre 1.500 peças a 15.000 peças. Entre MEI, ME, EPP, médias e grandes empresas, este polo com o segmento de lingerie, além de transformar a cultura da cidade, teve a moda íntima

---

2 Dados do setor de moda íntima. *Cf.* IEMI. Sobre moda íntima. **Iemi,** 21 fev. 2019. Disponível em: https://www.iemi.com.br/sobre-moda-intima/. Acesso em: 16 jun. 2021.

3 ABIT. Produção de moda íntima deve ter alta em 2019. **Abit**, 17 jul. 2019. Disponível em: https://www.abit.org.br/noticias/producao-de-moda-intima-deve-ter-alta-em-2019. Acesso em: 10 jun. 2021.

4 Site da marca disponível em: https://www.delfa.com.br/. Acesso em: 16 jun. 2021.

5 Site da marca disponível em: http://bojotek.com.br/. Acesso em: 16 jun. 2021.

6 Manoel Trajano – Dados informados através de entrevista concedidas em trabalho de campo entre janeiro e março de 2012.

7 Maurício Milhomens – Dados informados através de entrevistas concedidas em trabalho de campo entre março de 2018 e agosto de 2022.

como veículo de progresso, extinguindo o êxodo rural, gerando emprego e renda para o município, para as cidades circunvizinhas, e inclusive, importando da capital e de grandes metrópoles como Rio de Janeiro e São Paulo, profissionais qualificados para o incremento se seus negócios, produzindo variavelmente em torno de 2.500.000 peças ao mês, em apenas um único polo. Fenômeno semelhante também se inicia no município de Sítio Alegre, também no Estado do Ceará, e que se somam aos resultados dos demais polos de moda íntima distribuídos pelo Brasil.

O polo de Nova Friburgo contabiliza a atuação de mais de 600 confecções em moda íntima entre MEI, ME, EPP, médias e grandes empresas, tendo na Associação das Indústrias da Moda de Nova Friburgo e Região – AFINCO uma junção de forças que visa a união e amadurecimento do setor, em uma iniciativa de trabalho realizado pelo Arranjo Produtivo Local (APL) de Nova Friburgo e Região com apoio do Serviço Brasileiro de Apoio às Micro e Pequenas Empresas (Sebrae), no entanto, os dados de produção e comercialização não se encontram disponíveis, ainda assim, são tão reais quanto a empregabilidade e os negócios que fomentam, conforme é possível verificar junto a Feira de Vestuário e Têxtil de Nova Friburgo (Fevest)[8] promovida pelo Sindicado das indústrias de Vestuário de Nova Friburgo e Região (Sindivest) e patrocinado pela Federação das Indústrias do Estado do Rio de Janeiro (Firjan)[9].

Apesar da exasperação do mercado em detrimento das inúmeras e sucessivas crises econômicas, o setor resiste e cresce. Não obstante, a total ausência de apoio econômico e político, importante salientar que a maioria dessas iniciativas é proveniente de pequenos e emergentes empreendedores, que na busca de sobreviver empreenderam em criar o próprio negócio, qualificam-se e gerando qualificação para a comunidade que os circunda, criando polos, desenvolvendo o setor, gerando divisas e riquezas para toda uma região, que distribuídos por todo o território nacional, seguem progredindo, a despeito dos inúmeros desafios socioeconômicos que encontram.

A análise acima é superficial e pontual, de modo a vislumbrarmos um segmento gigante, expressivo e não valorizado pelos estados e demais segmentos da moda. Somente no estado do Ceará é possível somar mais

---

8 Site da feira disponível em: https://www.fevest.com/. Acesso em: 16 jun. 2021.

9 Site da federação disponível em: https://www.firjan.com.br/eventos/fevest-festival.htm. Acesso em: 16 jun. 2021.

de 800 confecções de porte variados em números formais, os informais são a perder de vista. Somando-se aos demais polos, o segmento de moda íntima só potencializa o setor.

Em entrevista, Ana Flores, a idealizadora e diretora do *VistaFair*[10] nos esclarece a ausência de números do setor, uma vez que, a própria idealizadora com sua equipe, promoveu ampla pesquisa para levantar dados. Apontando-nos que a moda íntima registrou em 2017 um crescimento na ordem de 7% em relação a 2016; o crescimento do *underwear* masculino cresceu 16%; o crescimento na área de franquias alcançou 23%; o faturamento representou 12,5% de toda a cadeia produtiva têxtil em termos percentuais; o Brasil produziu ainda 2 bilhões e 122 mil peças de moda íntima no anos de 2017; apresentando previsão de crescimento em 9% em peças fabricadas (índice que se confirmou, segundo Ana Flores e Maurício Milhomens); tendo ainda faturamento anual de ordem de R$ 11,19 bilhões de Reais; e a atuação de 6.000 empresas formais fabricantes de moda íntima no Brasil[11]. Números nada tímidos para um segmento tão íntimo, somente em mão de obra feminina em direção as costureiras com emprego formal, os números em 2017 giravam em torno de 47.560, somando-se auxiliares, supervisoras, gerentes, profissionais de corte, engennharia de produção, T.I, cronometragem, crono-análise, pilotistas, modelistas, estilistas, designers, os cargos administrativos e comerciais, os números só crescem na direção da empregabilidade. Somada a isso, importante compreender que trata-se de um setor que envolve e demanda os serviços de vários outros setores, como logística, *software* especializados em moda e gerenciais, consultorias especializadas, entre outros serviços terceirizados como publicidades, mídias e redes sociais, bem como, outras atividades e demandas que envolvem e movimentam a econômia.

Nesse sentido, nos perguntamos: como um setor tão importante, capaz de movimentar fortemente os setores terciários e secundários da economia, cresce continuamente apesar dos constantes desafios econômicos e a ausência de uma nomenclatura detalhada de produtos com estruturas e fundamentos?

O comportamento feminino mudou, acompanhando as transformações socioculturais, enquanto cria tendências, de maneira que o mercado

[10] Site da feira disponível em: https://www.vistafair.com.br/. Acesso em: 16 jun. 2021.

[11] Fonte: NewStage - Dados coletados pela empresa New Stage e informados através de entrevistas concedidas em trabalho de campo entre março de 2018 e agosto de 2022.

de moda íntima vem se reinventando a fim de se adequar as exigências desse novo mundo e dessa nova mulher. Decodificar essa mudança, a necessidade de adequação de produtos e acompanhar a evolução do segmento da moda íntima ao longo dos últimos anos é de grande importância para compreendermos as novas mudanças e evoluções que virão para este segmento.

O filosofo e sociólogo Georg Simmel[12] ao teorizar e decodificar os fenômenos *trinckle-down* e *bubble-up*, referiu-se a esses conceitos de moda, explicando os movimentos sociais que revelam vestuários quando oriundo das massas em um sistema de ebulição contrariando a economia do gotejamento, esclarecendo em profundidade sobre os dois movimentos contrários da moda, com base na escala social; Dóris Treptow[13], em seu *Inventando Moda* explicou de forma simplificada destacando *trickle-down* quando a moda nasce do topo da elite, e é copiado pelas massas e *bubble-up* quando uma nova tendência de moda é gerada por meio de hábitos de vestir dos grupos sociais pertencentes às classes mais baixas da hierarquia social, a chamada moda de rua; como já mencionamos, a relevância desses fenômenos se dá em virtude do mercado de *lingerie* como conhecemos atualmente no Brasil, ser resultado de empreendimentos emergentes e de diversas transformações socioculturais, econômicas, bem como profundas mudanças no comportamento feminino, acreditamos, portanto, que significativa parcela da produção de peças íntimas no mercado brasileiro é resultado do fenômeno *bubble-up*, nos quais também voltamos nosso olhar para o desenvolvimento deste material.

A partir das observações do trabalho de campo, em diversas confecções de moda íntima por todo o país, foi possível visualizar a crescente formação de profissionais autodidatas para desenvolvimento de produtos em moda íntima em concomitância a carência de um manual que fundamentasse o desenvolvimento de *lingeries* na teoria e na prática, seja para estudantes, estilistas, modelistas, entre outros profissionais dos setores moda.

Para a produção desse material, inicialmente executamos a formatação teórica do tema, em que trazemos informações resultadas de minuciosa investigação em lojas de departamentos, butiques, loja de

---

[12] SIMMEL, Georg. **Filosofia da moda e outros escritos**. Tradução de Artur Mourão. 1ª impressão. Lisboa: Edições Textos & Grafia, 2008. p. 1-30.

[13] TREPTOW, Doris Elisa. **Inventando moda**: planejamento de coleções. 5. ed. São Paulo: Doris Treptow, 2013.

fábricas, *showroom*, das práticas no chão de fábrica em moda íntima e feiras dos mercados populares no Nordeste brasileiro, em que é possível compreender categorias que envolvem os produtos, tanto para desenvolvimento quanto para comercialização; tendo ainda informações obtidas mediante as pesquisas de tendências, das observações de rua com referência às principais cidades da moda mundial, das principais feiras do setor nacional e internacional, que nos direcionam para as estruturações conceituais; entre outros estudos com uma atuação participante, além de entrevistas com diversas consumidoras em vários estados brasileiros em períodos distintos, possibilitando a coleta contínua, periódica e ocasional de dados, ampliando a percepção de consumidor, fazendo-nos compreender que é preciso enxergar para além das categorias, para ver e vestir o ser humano; informações enriquecidas com o incremento da pesquisa bibliográfica em constante análise e reflexões que envolvem o tema, e principalmente, da constante contemplação dos comportamentos femininos com a finalidade de perceber necessidades e desejos para traduzi-los em *lingeries*.

Notemos, tais constatações resultam de pouco mais de 30 anos de exercício da profissão, nos quais por diversas vezes tivemos a necessidade de um material com perfil que ora nos propomos escrever.

Em síntese, avaliamos esse cenário e vimos a oportunidade de contribuirmos com esse segmento tão importante para o mercado têxtil, e segue imediatamente para a economia dos estados que possuem polos de moda íntima.

Nessa perspectiva, desenvolvemos esse material com o propósito de oferecermos um guia com a finalidade de fomentar o conhecimento e o desenvolvimento de estudantes e novos profissionais. Surgiu da vontade de desvendarmos a *lingerie* como um produto estruturado e renovado para o momento atual, compartilhando experiências e trazendo o conhecimento do campo experimental para o campo teórico, classificando categorias, traduzindo conceitos, descrevendo tipos e desvendando formas.

Quer saber o que é *lingerie* sem mistérios?

Mergulhe conosco nesta intimidade e uma boa leitura!

~ Parte I ~

HIGIENE, PUDOR, FUNÇÃO OU SEDUÇÃO...

1

O QUE É LINGERIE?

Ao perguntarmos o que é *lingerie* no âmbito acadêmico, as respostas em geral trazem um quê de contexto histórico, teorias sobre a etimologia da palavra, de registros em museus, de conjecturas inerentes ao produto, com menção até dos períodos em que surgiram o primeiro sutiã e a primeira calcinha. No entanto, essas respostas sempre nos causam relativa ausência de uma definição integral no que se refere a moda íntima na prática.

O que é *lingerie* como segmento de moda para uma mulher real, do século XXI vivenciando os desafios da contemporaneidade?

Que *lingerie* é essa? Vestindo o corpo de mulheres com toda a sua diversidade de biotipos, com todos os seus contextos socioculturais e identitários?

Alguns historiadores, teóricos e acadêmicos falam da *lingerie* esclarecendo-a e definindo-a, conforme suas áreas de atuação e pesquisa. Sigmund Freud associou a *lingerie* com o erotismo[14], atribuindo a esta, poderes de feitiço ao esclarecer sobre o poder do fetiche relacionado às peças íntimas.

Rossetti concede a *lingerie* somente o *status* de produto[15], ao simplificar sua definição como roupa de dormir ou roupa branca (ainda bem que estamos em outros tempos, já pensou só *lingerie* branca? Quem quer vestir branco todo dia? Dia e noite?).

No dicionário da língua portuguesa *Houaiss*, o verbete se apresenta como "roupa íntima feminina, considerada em conjunto ou como peça individual, aquela que é de fina qualidade e com ornamentos (bordados, rendas) [...]"[16].

---

[14] FREUD, Sigmund. **Três ensaios sobre a teoria da sensualidade e outros textos.** São Paulo: Companhia das Letras, 2016.

[15] ROSSETI, Ana. **Roupas íntimas, o tecido da sedução.** 1. ed. São Paulo: Martins Fontes, 1995.

[16] HOUAISS, Antônio; VILLAR, Mauro de Salles. **Dicionário Houaiss da Língua Portuguesa.** Rio de Janeiro: Objetiva, 2001. p. 1182.

Do ponto de vista histórico e etimológico, João Braga nos esclarecesse que:

> A palavra '*lingerie*' vem do francês e significa toda peça do vestuário feita em *linge*. *Linge*, no que lhe concerne, é todo tecido de fios de linho, algodão e *náilon*, entre outros, usado nas roupas debaixo e, também, para cama e mesa, normalmente na cor branca.[17]

Por conseguinte, com a experiência adquirida por nós em *lingeries*, definimos *lingerie* como uma roupa íntima com atribuição de segunda pele, cumprindo funções relacionadas a proteção, pudor, adequação, modelação, embelezamento e sedução, procurando atender especialmente a diversidade dos corpos.

Uma *lingerie* poderia ser igual para todas as mulheres. Já foi. Do *strophium*[18] ao *mamillare*[19] na antiguidade, do *subligarculum*[20] e o *pantalon*[21] do século XVIII, quando todas as mulheres usavam as mesmas categorias de roupas íntimas (com ressalvas a diferenciação do vestuário entre classes sociais), quando o ciclo de vida de uma roupa durava no mínimo um século, quando sempre as mesmas cores eram usadas, quando a roupa íntima um dia já foi símbolo de castidade e opressão, talvez fossem iguais para todas as mulheres.

Contudo, ao definirmos o que é *lingerie*, especialmente uma moda íntima contemporânea, que contempla o compromisso de atender demandas, contextualizando-a enquanto artigo do vestuário, faz-se necessário pensar a *lingerie* para além do produto, sendo essencial pensar em quem a usa, e assim, desenvolver novas possibilidades.

Atualmente, a moda íntima é composta por uma infinidade de modelos, com conceitos, categorias, tipos e valores simbólicos, de modo a satisfazer as necessidades e desejos de quem as vestem. Sendo assim, trata-se de uma ferramenta capaz de promover a autoestima, e percebida

---

[17] BRAGA, João. **Reflexões sobre a moda.** 2. ed. São Paulo: Anhembi Morumbi, 2007. v. II. p. 73.

[18] *Strophium* – Uma espécie de echarpe que envolvia os seios, sustentando-os sem comprimi-los, usada sob uma pequena túnica. *Cf.* FONTANEL, Béatrice. **Sutiãs e espartilhos** – uma história de sedução. Rio de Janeiro: Editora Salamandra, 1998.

[19] *Mamillare* – Um percussor do sutiã, em couro macio que esmagava os seios para conter o busto volumoso usado pela mulher romana na antiguidade. *Cf. Ibid.*

[20] *Subligarculum* – Uma versão antiga da fralda, que era dobrada e amarrada na cintura, e podia ser usada tanto por homens quanto mulheres. *Cf.* HAWTHORNE, Rosemary. **Por baixo do pano**: a história da calcinha. 1. ed. São Paulo: Matrix, 2009.

[21] *Pantalon* – Uma espécie de calção feito em linho ou algodão, usado sob as crinolinas no século XVIII. *Cf. Ibid.*

como um símbolo de empoderamento para uma parcela significativa do público que se destina.

Nesse sentido, é fundamental descortinarmos ou organizarmos as estruturas que compõem a moda íntima, estudando nichos, classificando conceitos, categorias, formas e estilos, de modo a desenvolver *lingeries* capazes de satisfazer as necessidades de uso diário feminino, adequando-se ao frenético cotidiano das mulheres do século XXI, bem como as suas exigências e transformações.

Uma organização que se desvela a partir do próximo capítulo.

QUEM VESTE SUAS LINGERIES?

2

PÚBLICO-ALVO VS. MERCADO-ALVO

No mercado alvo, existe um grupo de pessoas que possuem características em comum, este se denomina público-alvo.

Segundo a *Oxford Languages*, público-alvo é um substantivo masculino, atribuído pelo *marketing*/publicidade como um segmento da sociedade com determinadas características em comum (idade, sexo, profissão, interesses e afins)[22], ao qual se dirige uma mensagem ou um conjunto de mensagens.

Para Kotler, público-alvo[23] trata-se da classificação de uma parcela de indivíduos no universo geral de consumidores para quem uma empresa ou negócio direciona os seus produtos, serviços, e por consequência, as suas ações de *marketing*.

Em suma, público-alvo é um grupo de clientes dentro do mercado disponível, acessível a uma empresa, para o qual a organização direciona seus esforços e recursos de *marketing*. Um público-alvo é um subconjunto do mercado total de um produto ou serviço.

Nessa perspectiva, quando uma empresa afirma produzir moda íntima feminina ou *lingerie*, essa afirmação caracteriza desenvolver produtos que vistam a diversidade dos corpos femininos, podendo ainda segmentar o produto comercializado para atingir um nicho específico, importante compreender que segmento está atrelado a um mercado particular, seja para produto ou serviço, contudo, nicho é a especificação do público alvo que uma empresa ou marca almeja atingir.

---

22 SIMPSON, J. (ed.). **Oxford Languages English Dictionary.** 3. ed. Oxford: Oxford University Press, 2007.

23 KOTLER, Philip. **Administração de Marketing**. 10. ed. 7ª reimpressão. Tradução de Bazán Tecnologia e Lingüística. Revisão técnica: Arão Sapiro. São Paulo: Prentice Hall, 2000.

Importante salientar que público-alvo não é mercado alvo. Público-alvo é específico, é nicho; e mercado alvo é o segmento para um público geral.

2.1 PÚBLICO-ALVO NÃO É SEGMENTO

Público-alvo é gente. Um grupo de indivíduos nos quais organizações, seja industriais e/ou comerciais, pretende atingir como consumidores potenciais, de modo a vender um amplo *mix* ou produtos específicos. Nesse sentido, podemos afirmar nicho é um grupo específico do público-alvo. Importante frisar que ao tratarmos de segmento, este é subcategoria direcionada ao mercado existente.

Apresentaremos um exemplo para ilustrar essa afirmação. Uma marca de roupas íntimas atua no mercado nacional comercializando *lingerie plus size* sensual para o público feminino.

Qual o mercado? Público-alvo? Nicho? Segmento?

- MERCADO = *Lingeries*;
- PÚBLICO-ALVO = Feminino;
- NICHO = *Plus size*;
- SEGMENTO = Sensual.

Diante do exemplo fica fácil compreender que nicho compreende ao *plus size*, sendo este uma fatia do público-alvo que é o feminino. Por conseguinte, segmento está atrelado ao sensual, no que se destina ao produto comercializado no mercado alvo, neste caso, *lingerie*.

Nessa perspectiva, é essencial entendermos que antes de categorizar e classificar produtos, é de fundamental importância compreendermos qual ou quais consumidores pretendemos atender, visto que, a satisfação do cliente vem em primeiro lugar que a classificação do produto, quem não conhece seu cliente, seus modos, valores, crenças, desafios, anseios e culturas não tem informações suficientes para estruturar seu produto. Escolher o nicho não é uma limitação, é foco no cliente. Escolher o segmento não é uma restrição, é foco no produto.

Portanto, é primordial identificarmos qual ou quais públicos ambicionamos alcançar, e assim, desenvolver produtos com atributos suficientemente capazes de satisfazê-lo.

Do mesmo modo, que empresas podem atender um público amplo com vários nichos e escolher vários segmentos, o que ocorre de forma abundante entre as marcas de *lingerie*, o que é excelente quando se busca ser uma marca reconhecida pelo consumidor, no entanto, alguns questionamentos são importantes.

Ao escolhermos um amplo público-alvo, somado a vários segmentos, a empresa tem capacidade produtiva para atender a demanda com qualidade e promover satisfação?

Ou trabalha com demanda reprimida havendo ausência constante de determinados produtos que deveriam atender nichos e seguimentos?

A organização se questionou, ou pesquisou seu público-alvo específico suficientemente para constatar se seu nicho deseja ser atendido com ampla variedade de produtos, portanto, segmentados?

Há respostas para todas essas indagações nesse momento? Essas são inquietações, propositadamente inseridas a fim de promover uma reflexão em nós que empreendemos em moda íntima, seja estudando e desejando a inserção neste mercado, ou por quem já atua e precisa inquietar-se diante de um mercado dinâmico e competitivo.

Vale salientar que o público-alvo está diretamente relacionado com suas crenças, valores, culturas, orientações e renda, bem como, se relaciona e interage na sociedade. Portanto, é fundamental conhecermos com profundidade características do público-alvo, ou nicho específico que pretendemos atingir ou já atendemos.

2.2 PADRÕES PRA QUEM?

O sociólogo Gilles Lipovetsky, ao elucidar sobre a efemeridade das roupas[24], também nos esclarece que a moda é um fenômeno sócio, econômico e cultural, no entanto, em seus discursos e textos, o autor não delimita públicos, não exclui etnias, estereótipos, *status* social e gênero, muito embora, tenha aberto relativas discussões sobre, com suas observações e percepções no tocante ao assunto, especialmente, quando aborda

[24] LIPOVETSKY, Gilles. **O império do Efêmero**. São Paulo: Companhia da Letras, 1989.

os significados culturais em torno da beleza, e o quanto são flutuantes em um curto espaço de tempo. O autor amplia a lente de suas observações ao tratar das relações comportamentais que geram a oferta *vs.* consumo, especialmente, desenhadas nas novas práticas de relações sociais, como é possível observar na dinâmica que envolve as digitais *influencers* e suas repercussões entre comportamentos de consumo e consumidoras, Gilles Lipovetsky[25, 26], nos conduz à reflexões contemporâneas, nos situando as novas relações de sedução por meio de modelos e dinâmicas de comunicação producentes na atualidade, e que perpassa pela moda íntima. Estilo e *design* são imperativos estratégicos das marcas, que por sua vez, apelam para o imaginário e a emoção dos consumidores, carregados de repertórios de sedução para atrair o público consumidor.

Entre públicos-alvo, nichos e tribos, a moda em sua funcionalidade primeira perpassa pelo vestir, e vestir especialmente sem distinção, nesse sentido, a moda deve ou deveria ter por compromisso explorar o vestuário para respeitar e contemplar a diversidade, e não apenas seduzi-la. No entanto, "desdiabolizar a sociedade da sedução não equivale a negar seus efeitos pesadamente patogênicos. São patentes"[27].

Assim, sendo a moda um fenômeno sócio — econômico — cultural, também exibe mal-estares sociais, e nesse sentido, nos expõe enquanto indivíduos e evidencia exclusões, especialmente a diversidade dos corpos.

No que tange ao ser social, a moda e a publicidade juntas vêm avançando continuamente ao longo do século XX até os dias atuais, como bem nos coloca Diana Crane[28], as redes sociais cumprem um papel fundamental, pois esta democratizou debates, dando espaço de fala para muitos que se sentiam excluídos ou não representados quanto as suas etnias e corpos, não somente pela moda de modo geral, como também, em segmentos muito específicos. Nessa perspectiva, é possível observar que moda e publicidade andam de mãos dadas, difundindo continuamente um ideal de beleza hegemônico ao longo do tempo, por muitas vezes divergente da realidade, e que, muito embora haja mudanças pontuais,

---

25 LIPOVETSKY, Gilles; SERROY, Jean. **A estetização do mundo**: viver na era do capitalismo artista. Tradução: Eduardo Brandão. 1. ed. 3. reimpressão. São Paulo: Companhia da Letras, 2015.

26 LIPOVETSKY, Gilles. **A sociedade da sedução**: democracia e narcisismo na hipermodernidade liberal. Tradução: Idalina Lopes. 1. ed. Barueri (SP): Editora Manole, 2020.

27 LIPOVETSKY, 2020, p. 392.

28 CRANE, Diana. **A moda e seu papel social**: classe, gênero e identidade das roupas. São Paulo: Senac, 2006.

com os avanços na publicidade em respostas as exigências da sociedade, esse padrão ideal continua sendo publicizado como observado por Aires[29].

> As revistas femininas, por exemplo, veiculam incessantemente imagens de mulheres brancas, jovens e magras, reforçando a ideia de que ser magro é imperativo contemporâneo para o corpo. Sob o olhar médico, a recomendação é manter-se magro em prol da boa saúde; na perspectiva da estética, estilistas de moda, em sua maioria, criam modelos para corpos magros; no contexto da mídia, imagens de corpos magros reiteram a noção de saúde, beleza e elegância.

As mudanças e inclusões são incontestáveis, as informações estão ao alcance de muitos, no entanto, as exclusões também, e muito embora, em um contexto geral a sociedade como um todo esteja avançando, mesmo que lentamente, é importante salientarmos que todo o setor de moda, inclusive a moda íntima, está continuamente aprendendo, se adaptando e se remodelando aos novos movimentos e reflexos sociais. Contudo, ao tratar de diferentes formas do corpo, Marcella Uceda Betti esclarece que:

> Quando a moda dirigida as pessoas que vestem tamanhos maiores é qualificada como *plus size*, está se destacando a singularidade desse segmento com relação ao que até então era produzido para este público: roupas com tecidos e modelagens pouco apreciadas pelas consumidoras, peças consideradas "fora de moda" e de má qualidade. Está sendo sublinhada também a diferenciação do segmento em relação a moda convencional, que dispensa quaisquer objetivos para se legitimar, não precisando ser marcada ou diferenciada em relação a outro campo.[30]

Aires corrobora com Betti ampliando a reflexão ao constatar que:

> movimentos que sugerem a inclusão do público gordo e promovem sua visibilidade são entendidos como ação política: é o caso dos ativismos das mulheres gordas no espaço público ou virtual, e especialmente da moda *plus size*, [...] pois quando as marcas incluem o corpo gordo nas suas

[29] AIRES, Aliana Barbosa. **De gorda a plus size**: a moda do tamanho grande. 1. ed. São Paulo: Editora Estação das Letras e Cores, 2019. p. 28.

[30] BETTI, Marcella Uceda. **Beleza sem medidas?** Corpo, gênero e consumo no mercado de moda *plus size*. 2014. Dissertação (Mestrado em Antropologia Social) – Faculdade de Filosofia, Letras e Ciências Humanas, Universidade de São Paulo, São Paulo, 2014. p. 94. Disponível em: https://www.teses.usp.br/teses/disponiveis/8/8134/tde-13052015-115256/publico/2014_MarcellaUcedaBetti_VOrig.pdf. Acesso em: 16 jun. 2021.

> estratégias produtivas e publicitárias, circulando as imagens de sujeitos marginalizados, elas não estão lhe dando espaço na moda tradicional, um espaço onde eram comumente ignorados, desde a modernidade, quando a moda passou a vender a magreza corporal como estilo de vida[31].

A palavra "padrão" vem frequentemente sendo utilizada muito mais com a conotação de exclusão do que de inclusão, o que se converte em uma contradição, visto que os repertórios de moda sejam nos âmbitos acadêmicos ou publicitários abordam e difundem a retórica de uma moda inclusiva, sem distinções de estereótipos, sejam estas, gênero ou etnias, no entanto, na prática, longe de padrões pré-estabelecidos, o ser social pede mais, muito mais.

Sendo a moda para todos: "padrão pra quem"? Aires aborda esse padrão ao articular que:

> [...] o corpo magro foi construído culturalmente e historicamente por hierarquias que o classificam como obediente às normas de beleza, identificando-o como padrão, e de outro lado, o corpo gordo foi construído como desobediente, rebelde e desviante, o que o excluiu do meio social dominante.[32]

Claramente, a simples menção ao público *plus size*, muito mais exclui e discrimina do que inclui, e mesmo quando essa inclusão é debatida, o primeiro objetivo é o retorno financeiro, em contradição ao que deveria ser a promoção do bem-estar social dos indivíduos, como nos evidencia Junior:

> Com base nesta realidade, faz-se necessário que as empresas busquem obter maior conhecimento e interação com os clientes, a fim de que, não apenas passem a produzir peças em tamanhos maiores, mas que possam compreender e atrair os consumidores *plus size* e consequentemente, ampliar, ainda mais, o seu retorno financeiro.[33]

---

[31] AIRES, 2019, p. 30.

[32] *Ibid.*

[33] JUNIOR, João Henrique de Souza. Fat Pride: o movimento de autoaceitação corporal e seus reflexos no mercado de moda brasileiro. Boletim de Conjuntura. **Revista BOCA**, Boa Vista, v. 2, n. 4, ano 2, 2020. p. 4. Disponível em: https://revista.ioles.com.br/boca/index.php/revista/article/view/144/144. Acesso em: 16 jun. 2021.

Ao refletirmos sobre público *vs.* padrão, "padrão" de mais a mais, deveria referir-se a qualidade estipulada para objetos, para a excelência na prestação de serviços, de conduta, que por sua vez, deveriam trabalhar para servir aos públicos, eximindo-se em rotular seus corpos, nessa perspectiva, atribuir classificações aos produtos visando atender a diversidade das pessoas tem sua relevância, isso por que viabiliza a produção, comercialização e identificação dos produtos, de modo a tornar a moda possível de ser percebida e reconhecida, e assim, de fato, ser mais inclusiva e se converter em uma moda com representatividade, seja esta íntima, ou de quaisquer outros segmentos do vestuário, porém, que seja para todos.

2.2.1 Termos e padrões: o que as expressões *slim, curvy/midsize e plus size tem a nos dizer?*

As expressões *slim*, *curvy/midsize* e *plus size* foram apropriados de outra cultura, especificamente a americana, dado o olhar e termos padronizados que se relacionam com os biotipos e incorporados na moda, especialmente, na moda íntima no Brasil. Do ponto de vista histórico, Aires nos esclarece que:

> A partir dos anos 1950, o governo brasileiro passa a valorizar a modernização dos EUA e, por sua vez, os EUA iniciam a divulgação da cultura norte-americana para fora de suas fronteiras, almejando expandir o *American way of life* por meio de processos comunicacionais midiáticos, em todos os âmbitos culturais (músicas, moda, televisão etc.).[34]

Muito possivelmente, este tenha sido um elemento determinante para que tais termos tenham acompanhado e sido aderidos pela cultura de moda no Brasil, sobretudo, a moda íntima.

Importante mencionar, que sendo os EUA colonizados por ingleses, inicialmente sua cultura de moda e de vestuário foi incorporada do padrão europeu, com estruturação de medidas em desenvolvimento e difusão, no entanto, passa a ganhar uma dinâmica eximiamente norte-americana com a disseminação do *prêt-à-porter*, e posteriormente, o *fast fashion*.

Muito embora, no Brasil as diversas tabelas de medidas com nomenclaturas estrangeiras tenham sido adotadas somente a partir dos anos 2007/2008, tendo nestas a incorporação do termo *plus size*, é importante

[34] AIRES, 2019, p. 46.

salientar que marcas de *lingeries* que surgiram no Brasil com atuação a partir dos anos 1950 (Darling, DeMillus, Del Rio, Duloren, Triumph e Valisère), já trabalhavam com rigoroso e complexo sistema de padrões e medidas provenientes do vestuário europeu.

Já para Betti, a adesão ao termo *plus-size* se deve a uma possível percepção de sofisticação ao esclarecer que:

> O termo em inglês *plus-size* quer dizer "tamanho grande" e é bastante usado no campo para adjetivar a moda dirigida as *gordinhas*. Embora outras expressões como "tamanhos grandes", "tamanhos especiais" ou mesmo "GG" também sejam usadas, o termo é o mais comum, está no nome das lojas, marcas e eventos, está na fala dos profissionais e consumidoras, é usado pelas próprias modelos do meio, que são definidas e se autodefinem como *plus-size*. Acredito que o termo em inglês seja mais usado que as expressões em português porque parece transmitir uma ideia de sofisticação e modernidade.[35]

As afirmações das autoras se somam, sobretudo, deixando evidente que o *American way of life*, por meio dos fortes apelos midiáticos norte-americanos se fizerem mais fortes e determinantes, nessa perspectiva os termos *slim*, *curvy/midsize* e *plus size* foram sendo utilizados, entraram no mercado sem pedir licença, consolidaram-se frente à cultura de moda local, especialmente, no mercado de moda íntima.

2.2.2 Do *Slim ao Curvy/Midsize:* um debate contemporâneo

Os públicos em que aqui denominados *slim* e *curvy* estão relacionadas aos corpos das mulheres magras e curvilíneas, conforme as classificações de tamanhos que compreendem aos manequins 36, 38, 40, 42 e 44, atribuídos a parte do tamanho PP, o tamanho P e o M, isso por que o manequim 44 está contemplado no tamanho M, no entanto, por um equívoco de entendimento de muitas confecções de moda *plus size* no Nordeste brasileiro, o manequim 44 é frequentemente atribuído ao *curvy*, como uma subcategoria do *plus size*, o que é um engano, visto que o manequim 44 não é tamanho G e tampouco está destinado ao que denominamos *plus size*, assunto que abordaremos a partir dos tópicos 2.2.2

[35] BETTI, 2014, p. 94.

e 3.1 visando esclarecer as correlações entre tamanhos e numerações do vestuário com maior profundidade.

Importante observarmos a necessidade de esclarecimentos sobre o tema, no dia 15 de dezembro de 2021, Tais Vasconcelos, modelo, *influencer* e *Miss Plus Size Curvy* aclamada em 2021, busca esclarecer a terminologia *curvy* para suas seguidoras no próprio perfil do instagram @taisavasconcelosoficial[36] ao articular:

> Aqui no Brasil, esse termo está sendo utilizado para identificar mulheres que se encontram no "meio termo", ou seja, mulheres que não são consideradas magras, mas também não se encaixam no perfil de gordas. Em contrapartida, as mulheres brasileiras consideradas dentro desse termo, são as que vestem desde o 42 ao 46. Esses números que até então eram considerados *plus size*, encontram uma ressignificação a partir da criação do termo. Conforme o termo vai se popularizando, ele traz consigo uma onda de empoderamento e representatividade para as mulheres que encontram-se nessa numeração de vestimenta. É importante ressaltar que a intenção não é comparar com a luta dos corpos gordos ou magros, luta esta que é super válida pois põe em pauta uma série de problemas que pessoas *mid* não sofrem. A ideia ao falar mais do termo *midsize* é para que as mulheres tenham mais reconhecimentos, se aceitem, se amem e que independente de "padrão" se encontrem.

O texto acima reforça a necessidade de um reconhecimento identitário, vez que visa esclarecer um padrão corporal o qual está incluído e difundido por meio de diversos concursos de beleza e de moda propagados por intermédio das mídias. Aires, esclarece sobre o caráter identitário ao expor que "antes seguíamos um modelo de identidade baseado em aspectos sociais fixos (como família e tradição), no qual virtudes e valores como coragem, sabedoria e humildade eram valorizados em detrimento da aparência externa"[37]. Na contemporaneidade, tanto na moda quanto na publicidade, a aparência corporal assume um papel importante, ao mesmo tempo em que contraditório, visto que rotula o indivíduo para identificá-lo, expondo-o ao mesmo tempo em que também o exclui. Aires

---

[36] CURVY MODEL. Perfil em rede social. **Instagram**: @taisavasconcelosoficial. Disponível em: https://www.instagram.com/p/CXgpU7eJUWZ/. Acesso em: 15 dez. 2021.

[37] AIRES, 2019, p. 14.

declara ainda que "hoje seguimos um modelo exterior da identidade, em que a aparência corporal passa a identificar fortemente o sujeito".[38]

Em entrevista, Jaqueline Queiroz, embaixadora do Movimento *Plus Size* no Brasil e coordenadora dos concursos de beleza "*Miss Plus Size* Ceará" e "*Miss Plus Size* Universo Brasil" fala sobre o caráter da identificação corporal e também expõe em seu Instagram[39] quando declara:

> Há anos luto pela inclusão identitária da mulher *plus size*, eu faço parte dessa luta, sou mulher, negra e gorda. Sempre me senti excluída, a margem de uma sociedade que impõe padrões limitantes e inalcançáveis. A ausência de inclusão está em todos os lugares no se que refere ao corpo gordo. Os concursos de beleza que envolve o corpo gordo, seja *curvy* ou *plus,* é a busca por promover representatividade para várias mulheres que não se sentem incluídas. E não é só isso, a busca pelo apoio das marcas de moda através dos concursos, tem promovido muitas mudanças, e não é só estética, hoje eu encontro roupas jovens, de qualidade, atualizadas com a moda e no meu manequim, que é 50. Isso é a resposta de uma luta que apenas começou.

Militante nos movimentos de autoaceitação, a modelo *plus size* e também *influencer* Fluvia Lacerda, em entrevista[40] à revista Época ao lançar sua biografia, o livro *Gorda não é palavrão* fala que segue o que ela denomina de "luta contra padrões estéticos impostos", falou ainda ter sido influenciada "após receber um relato, nas redes sociais, uma menina de 16 anos que chegou a pensar em se matar por ser gorda, senti que precisava fazer algo mais" a *influencer* afirmou ainda que:

> Não levanto bandeira para nós, gordos. Apenas insisto para que as pessoas respeitem nossas características, nosso DNA. Com essa escravidão, muitos perdem seu valor como ser humano. Mas a situação está mudando, as redes sociais abriram as portas para a interação.[41]

---

[38] AIRES, 2019, p. 14.

[39] JAQUELINE QUEIROZ. Perfil em rede social. **Instagram**: @jaqueplus_. Disponível em: https://www.instagram.com/p/Cb2wTfru012/. Acesso em: 2 abr. 2022.

[40] LACERDA, Fluvia. "As medidas não definem quem sou", diz top plus size Fluvia Lacerda. **Época**, São Paulo, [23 nov. 2017]. Entrevista concedida a Bruno Astuto. Disponível em: https://epoca.oglobo.globo.com/sociedade/bruno-astuto/noticia/2017/11/medidas-nao-definem-quem-sou-diz-top-plus-size-fluvia-lacerda.html. Acesso em: 31 dez. 2021.

[41] *Ibid.*

Importante salientar que a busca por identificação corporal, trata-se de um advento da contemporaneidade, amplamente propagado pela publicidade em função de uma comunicação globalizada, através de estratégias de *marketing* a partir do século XX, quando as marcas passam a direcionar o olhar para o consumidor, difundido vigorosamente pelas mídias, a fim de fortalecer a propagação do consumo, conforme exposto por Kotler[42]; por sua vez, Crane nos esclarece que anterior a isso, a moda do século XIX já em processo de profundas transformações era direcionada às classes e gostos elitistas, revelando ainda que, atualmente, o consumo de moda incorpora gostos e interesses de grupos sociais em diversos níveis[43]; Aires reforça o diálogo ao afirmar que no mundo contemporâneo "a moda tornou-se um fenômeno relacionado à construção e expressão da identidade do sujeito, correspondendo a valores que ele deseja "externar" por meio de sua aparência"[44]. Aires corrobora com os discursos de Tais Vasconcelos, Crane e Kotler ao esclarecer que:

> Ressaltamos que a globalização e a comunicação têm papel fundamental nesse processo de mudança — de uma moda que diferencia as "classes" (moda de classe) para uma moda que constrói a "identidade" (moda de consumo). A globalização democratizou a moda, porque a tornou mais acessível a todas as classes sociais e culturas. No entanto, isso só foi possível por meio de um aparato midiático proporcionado por um sistema de comunicação massivo, que exerceu função determinante na veiculação das informações de moda em âmbito global.[45]

De fato, a moda contemporânea tem aberto amplos debates sobre identidade, corpos e padrão, sobretudo, pela exposição das mídias e das exigências do público, conforme, veremos com mais profundidade no item 3.1.1.

Ainda assim, as novas normas antropométricas da Associação Brasileira de Normas Técnicas — ABNT trazem atualizações para o mercado, e consecutivamente sobre o assunto. Contudo, no que tange aos movimentos sociais e aos diálogos que ativistas e influenciadoras envolvidas nos movimentos nos quais discursam sobre a aceitação dos

[42] KOTLER, 2000.

[43] CRANE, 2006.

[44] AIRES, 2019, p. 15.

[45] *Ibid.*

corpos, ainda há muito que ser dito e ajustado. Diálogos que ainda estão longe de cessar. Um tópico laureado neste livro, com intuito de ilustrar as questões que envolvem este público-alvo para o leitor.

2.2.3 *Plus size*

Esse nicho, também denominado de "Tamanhos grandes" ou "Especiais", atende ao público gordo, onde marcas dos diversos segmentos de moda, comercializam suas roupas, com manequins a partir do 44.

A divergência relacionada aos tamanhos que atendem a moda *plus size* segue difundida entre marcas e influenciadores, catálogos de produtos e redes sociais, ao publicizarem roupas com manequins a partir do 44, e outras com manequins a partir do 46, seguindo até o manequim 54. Contudo, recentemente algumas empresas especializadas e dedicadas a esse público, voltaram seu olhar para quem consome, e não apenas para o mercado, ampliando sua grade de tamanhos, para até o manequim 66. Aires, amplia o debate ao afirmar que quando se trata da aparência em relação as roupas, estilo de vida, gênero e tamanhos são mais significativos, e continua ao questionar:

> Se a moda é uma ferramenta importante de identidade do sujeito contemporâneo, como é formada a identidade do indivíduo gordo, que por muito tempo não encontrava disponível no mercado sequer roupas em que coubesse e ainda hoje enfrenta dificuldades para se vestir de acordo com as tendências lançadas pela moda? Como se constrói uma identidade pela negação do consumo?[46]

Os questionamentos de Aires voltam nosso olhar para o mercado onde é possível perceber maior disponibilidade de produtos em relação a tamanhos e variedades de estilo para o público gordo, conforme vimos nas marcas de *lingerie* Somosplus e Duloren.

Observamos que a marca cearense Somosplus é um exemplo de *lingeries* especializadas para o público *plus size* feminino, além de oferecer produtos que dialogam com os conceitos básico, funcional e ornamental, a comunicação adotada pela empresa contempla a aceitação do próprio corpo, autoestima e empoderamento da mulher gorda.

[46] AIRES, 2019, p. 16.

A Figura 1 exibe a campanha publicitária com a modelo *plus size* Maiara Russi para a marca Duloren:

Figura 1 – Campanha publicitária da marca Duloren

Fonte: Eugordinha (2011)

A marca carioca de *lingeries* Duloren conhecida por ousadia e transgressão em suas peças publicitárias, apresenta uma campanha em que adota uma modelo realmente gorda, trazendo produtos que vestem uma ampla variedade de tamanhos, no entanto, o *marketing* da empresa explica, que a escolha por uma modelo realmente gorda, trata-se da percepção que a organização tem em perceber que outras marcas adotam a imagem de uma mulher curvilínea, e quando gorda, a comunicação se volta para um corpo que se configura como um gordo leve. Para Duloren, GG significa "gordinha gostosa" propondo campanhas com mulheres reais e compatíveis com o público, ao afirmar em seu blog "[...] que está mais do que na hora de "chocarmos" nosso cérebro com imagens um tanto mais próximo da realidade do que as que andam por aí na mídia há tantos anos".[47]

[47] EUGORDINHA. Campanha ousada em lingerie. **Uma beleza além do peso,** 12 dez. 2011. Disponível em: https://eugordinha.wordpress.com/tag/duloren/. Acesso em: 10 jun. 2021.

No que diz respeito ao discurso da marca, Castilho e Martins destacam sobre a estratégia do fazer-ver:

> Captar o olhar do outro é uma estratégia de visibilidade essencial para o estabelecimento de uma relação interativa, a fim de se atingir um reconhecimento do sujeito como integrante de relações e práticas sociais. Esse recurso é bastante utilizado na publicidade e nas capas de revistas, pois é por meio dele que o anunciante insere, em seu discurso, o destinatário do texto.[48]

Aires corrobora com o discurso da marca ao afirmar:

> A moda *plus size* parece, à primeira vista, diluir o estigma relacionado ao corpo gordo, já que o mercado decide produzir numerações grandes, entretanto, sem conferir visibilidade aos consumidores reais para os quais se destina. Destacamos que esta é mais uma estratégia de produção de sentido que evidencia o modo como o mercado *plus size* opera em relação ao corpo gordo, atuando como biopolítica.[49]

No que tange aos diversos segmentos de moda e o debate com o público gordo em relação a ampliação, adoção e comunicação de numerações maiores na grade de tamanhos, esta não é restrita ao público feminino, visa atender homens e mulheres, jovens e adultos, que não queiram vestir uma roupa apenas para atender seu tamanho, mas especialmente, queiram evidenciar sua beleza, seu estilo e identidade.

Diante do exposto, há muitas questões ainda a serem compreendidas, existindo mais perguntas a serem realizadas para alinhavarmos esse debate. Se o *midsize/curvy* está relacionado aos tamanhos do meio, e os mesmos compreendem aos manequins a partir do 42 até o 46, por que o *plus size* para muitas marcas de moda iniciam a partir do 44?

A resposta é simples, e como já bem exposto por Aires, trata-se da não aceitação do corpo gordo e, portanto, essa negação se reflete nas tabelas de tamanhos e manequins do vestuário, bem como na comunicação de moda como um todo.

---

[48] CASTILHO, Kathia; MARTINS, Marcelo M. **Discursos da Moda**: semiótica, design e corpo. 2. ed. São Paulo: Anhembi Morumbi, 2008, p. 101.

[49] AIRES, 2019, p. 154

Afinal, a partir de que numeração deveria ser considerado o vestuário *plus size*?

A resposta também é simples e sua realidade é complexa. Se o *slim* ou corpo magro tem as numerações do vestuário no início da tabela compreendidas nos tamanhos PP e P, seja do 34 ao 40; o *curvy* ou *midsize* desfruta de suas numerações no meio tabela, compreendendo aos tamanhos M e G, seja do 42 ao 48; o público *plus size* dispõe das numerações que compõem os tamanhos GG e EGG, seja dos manequins 50 ao 56 em diante; em síntese, conforme já exposto por nós neste tópico, o *plus size* refere-se aos "tamanhos grandes" ou "especiais" (vide tabela 2 no item 3.1), à vista disso, não há por que negá-los, visto que tanto moda como publicidade necessitam caminhar juntas trabalhando em prol da diversidade.

Contudo, como tratamos de moda íntima feminina, abordamos e ampliamos o diálogo em relação as numerações maiores inseridas na grade de tamanhos, somente no vestuário feminino e com maior amplitude a partir do capítulo 3.

2.2.4 *Maternity*

A linha *maternity* ainda é muito recente, tendo muito a ser explorada e desenvolvida, fundamentalmente, porque *lingeries* funcionais e ergonômicas, não se correlacionam com o vestuário idealizados para os espaços públicos, onde este, deve fundamentalmente contribuir para a valorização da autoestima mediante suas funcionalidades, garantindo conforto e vestibilidade.

Mais um termo em inglês para denominar produtos direcionados a um público-alvo específico, em uma tradução literal *maternity* = maternidade. Essa classificação de produtos para moda íntima direcionada ao período da maternidade, em que compreendemos gestação e amamentação, além de extremamente funcional, compreende a dois momentos especialmente importantes e delicados na vida de uma mulher. Quando se trata de público-alvo e valores simbólicos, não há uma classificação que se adeque tanto quanto a linha *maternity*.

A maternidade ganhou maior destaque em consoante aos movimentos feministas em meados do século XX, que questionavam "a construção do sentimento materno, apresentado pelo senso comum e por alguns dos especialistas nas áreas médica e religiosa, como algo pertencente a todas as mulheres."[50] Na moda para Simili, o vestuário para gestantes ganhou vislumbre a partir dos anos 1960 ao afirmar:

> Foi nos anos 1960 que a maternidade ganhou evidência na moda brasileira. No bojo das transformações ocorridas no período, decorrentes da ampliação do mercado de roupas e de informações sobre moda, que absorvem os aspectos geracionais e de gênero como instrumentos para o consumo, é que, em meio às distinções entre corpos e indumentárias para jovens e senhoras, a gravidez é vestida pela moda.[51]

No que se refere a moda gestante e as relações sociais, Simili vai além ao expor:

> [...] o surgimento da moda feminina, como prática de vestir os corpos, a linguagem não verbal das roupas transformou-se em recurso estético e simbólico para representar a maternidade e levar as mulheres a perceberem os papéis de gênero relativos à gestação e aos processos envolvidos no tornar-se mãe.[52]

Simili clarifica ainda sobre as linguagens verbais e não verbais do corpo no período gestacional, quando aborda sobre o enaltecimento dos seios e do ventre feminino e das formas atribuídas a esse corpo ao elucidar:

> A valorização do peito e do ventre que está na origem da estruturação do traje feminino entre os séculos XIV e XV, ajudam a entender não somente o surgimento da moda, mas de como as representações para o vestir feminino, com produto e processo das apropriações, das intervenções e das significações sobre os corpos, encontraram, nos cortes e nos volumes, os instrumentos para tratar da maternidade com as mulheres. Nesse longo percurso, no século XV quando "o peito é destacado pelo decote", o ventre é "sublinhado por saquinhos proeminentes escondidos sob o vestido", ou, "a abundância de tecido era presa por uma cinta sobre o seio", os trajes criavam efeitos de gravidez, ao aumentarem a barriga com volumes concentrados na

[50] VÁSQUEZ, Giorgiane. Maternidade e Feminismo: notas sobre uma relação plural. **Revista Trilhas da História,** Três Lagoas, v. 3, n. 6, p. 167, jan./jun. 2014.

[51] SIMILI, Ivana Guilherme. Roupas para mamães: corpo e gravidez nas representações para a maternidade na Revista Manequim (1963). **História:** Questões & Debates, Curitiba, v. 65, n. 2, p. 128, jul./dez. 2017. Disponível em: https://revistas.ufpr.br/historia/article/view/55390. Acesso em: 10 jun. 2021.

[52] *Ibid.*, p. 129.

> parte da frente das roupas. Entre os séculos XV e XVIII, as linhas indumentárias com essas características arquitetônicas de amplitudes no ventre são renovadas. Permanências e mudanças nos "detalhes de forma, nas nuanças de amplidão", mediante acréscimos e ressignificações que são "torrentes de 'pequenos nadas'" e pequenas diferenças que fazem toda a moda", transformando as roupas em favoráveis aos usos pelas grávidas.[53]

A exposição de Simili nos dá pistas das mudanças históricas no vestuário para gestantes, no entanto, apesar da moda *maternity* ganhar maior destaque nos anos 1960, os segmentos de moda praia e moda íntima ainda não eram contemplados nesse período, tão pouco suas necessidades funcionais quanto produto. Simili nos esclarece sobre a representação da imagem da mulher na maternidade, ao expor que:

> Lembremos que a primeira representação de maternidade na história da procriação é a da virgem Maria, a qual ocorre como milagre divino, sem o ato sexual. Não nos esqueçamos, também, das representações de Maria como mãe, em que o filho, o menino Jesus, é o indivíduo cuja representação, junto à Maria, comanda as narrativas visuais na composição de imagens para a maternidade da virgem, configuradas sempre em tons claros e delicados. Não existem imagens da Virgem Maria grávida.[54]

Um contra ponto nesta visão diletéria de mundo ou purista da concepção foi apenas a partir da década de 1970, com as aparições polêmicas de Leila Diniz[55] se permitindo ser fotografada de pequeno biquíni exibindo sua barriga na praia, um ultraje para os padrões vigentes.

---

53 SIMILI, 2017, p. 129-130.

54 *Ibid.*, p. 131

55 NAZARETH, Otavio. **Intimidade Revelada**. 1. ed. São Paulo: Olhares, 2007. p. 116.

Figura 2 – Fotografia de Leila Diniz grávida de biquini na praia (anos 1970)

Fonte: Nazareth (2007)

Em relação as polêmicas que envolveram a aparição de Leila Diniz, Castilho e Martins esclarecem sobre como nos vemos e como nos veem:

> Enquanto a concepção cristã de pureza (estado anterior ao pecado original) recrimina o estado de nudez, o ser humano reveste e decora o seu corpo de inúmeras maneiras, mesmo que em alguns casos crie efeitos de nudez do corpo – parciais ou totais [...].[56]

Em meio à discussões polêmicas durante as décadas de 1970 e 1980, visto que concepção e feminilidade não dialogavam nesse período, principalmente porque as narrativas sobre corpo e grávidez eram arraigadas de concepções religiosas onde a "representação social da mulher-mãe como "padrão de Mulher" ainda se manteve fortemente enraizada no imaginário social"[57] em uma linha tênue, discursos teológicos que dialogam entre a concepção do pecado da luxuria (todas as mulheres) e a santidade da concepção sem pecado (Virgem Maria).

No entanto, a partir da aparição de Leila Diniz grávida de biquíni expondo a barriga, a mesma promoveu a difusão da imagem do corpo da mulher grávida na tentativa de naturalizar a feminilidade gestacional em filmes e novelas, contribuindo para que a visão do vestuário direcionado ao período da gravidez fosse alargado. Porém, somente ao final da década de 1980, que as primeiras *lingeries* funcionais, voltadas para as mulheres grávidas, começaram a surgir, ainda assim, sem publicidade.

Simili nos dá pistas históricas das formas que definirão os produtos para as grávidas, todavia, são as mudanças do comportamento feminino e seus reflexos sociais, associados as exigências dessa nova mulher que a indústria se volta para desenvolver produtos eximiamente funcionais, compreendendo dois momentos fundamentais e importantes da maternidade, que são:

- Primeira fase = *Lingeries* gestacionais;
- Segunda fase = *Lingeries pós-parto*.

A primeira fase, compreende a gestação, os produtos envolvem delicadeza, conforto e beleza, onde funcionalidade, ergonomia e leveza são essenciais. Matérias-primas que concedem conforto, fluidez, maciez e praticidade fazem parte de características fundamentais para esse nicho, exigidas por seu público.

---

56 CASTILHO; MARTINS, 2008, p. 95.

57 VÁSQUEZ, 2014, p. 168.

A segunda fase, que contempla o período pós-parto, as *lingeries* devem ser arraigadas de funcionalidades, ergonomia e compressão em sinergia com o conforto. Além de recursos estéticos para elevar a autoestima feminina no estado de lactação no pós-parto, objetivando contribuir para o reestabelecimento da forma física, matérias-primas específicas, manufatura especializada e tecnologia são alguns dos recursos utilizados para desenvolver essa linha de produtos.

2.2.5 Mulheres mastectomizadas

Mulheres acometidas pelo câncer de mama podem ter a remoção parcial ou total dos seios, seja unilateral ou bilateral. "Um dos tratamentos mais comuns para tal doença é a mastectomia – a remoção completa do tecido mamário e, em alguns casos, de amostras de nódulos linfáticos localizados nas axilas".[58] As autoras nos esclarecem ainda que:

> Esta pode vir ou não acompanhada da oncoplastia mamária, isto é, da reconstrução do seio após o primeiro procedimento. Depois dessas intervenções, os médicos normalmente requisitam o uso de sutiãs cirúrgicos, que auxiliam na recuperação da paciente que, ao termino do tempo de uso recomendado, pode voltar a vestir as peças de roupa íntima tradicionais.[59]

Com a remoção das mamas, surge a necessidade de sutiãs com funções e aspectos ergonômicos especiais, para o consumo das mulheres que passaram pela mastectomia. Embora as autoras Joias e Souza mencionem que suas entrevistadas declaram ter "dificuldades para encontrar produtos confortáveis e esteticamente agradáveis", encontramos na Associação Toque de Vida[60] em Fortaleza, no Ceará, a comercialização de sutiãs funcionais para esse público, principalmente para mulheres que

---

[58] OXFORD, 2011 *apud* JOIA, Lara Beatriz; SOUZA, Patrícia de Mello. Uma proposta de roupas íntimas para mulheres mastectomizadas. **13° Colóquio de moda**, UNESP, Bauru (SP), 2017. p. 2. Disponível em http://www.coloquiomoda.com.br/anais/Coloquio%20de%20Moda%20-%202017/COM_ORAL/co_6/co_6_UMA_PROPOSTA_DE_ROUPAS%20_INTIMAS.pdf. Acesso em: 31 dez. 2021.

[59] JOIA; SOUZA, 2017, p. 2.

[60] Associação Toque de Vida – Uma organização não governamental e sem fins lucrativos, que visa dar apoio às mulheres mastectomizadas ou que se encontram em tratamento de câncer de mama por meio de atividades e capacitações profissionais, grupos de terapia, atendimento psicológico, palestras informativas em empresas, escolas, igrejas, etc. Para mais informações, *cf.* FUNDAÇÃO TOQUE DE VIDA. Perfil em rede social. **Facebook:** toquedevidace. Disponível em: https://www.facebook.com/toquedevidace/. Acesso em: 31 dez. 2021.

não optaram pela oncoplastia mamária, sendo peças produzidas pelas próprias mastectomizadas em uma recolocação profissional de mulheres carentes, promovida pela própria associação.

Na associação são produzidos quatro modelos com características específicas que podem ter variações; para as mulheres que não optaram pela oncoplastia mamária, tendo três opções, com suporte para a prótese mamária do lado esquerdo, com suporte para a prótese mamária do lado direito e com suporte para a prótese mamária bilateral. Para as mulheres em que a mastectomia veio acompanhada da oncoplastia mamária, também são desenvolvidos sutiãs, visto que a área do corpo afetada tende a se tornar mais sensível, exigindo peças mais delicadas e confortáveis, conforme esclarecido por Nilda Mendes[61], Presidente da Associação Toque de Vida.

A presidente da associação, Nilda Mendes (2014) afirmou em entrevista nos bastidores do desfile "De Bem com a Vida" realizado no dia 9 de agosto de 2014, que *a produção e comercialização de lingeries para mulheres mastectomizadas, além de promover a inclusão dessas mulheres após um tratamento delicado e por vezes traumático, também envolve inúmeros benefícios psicossociais*, acrescentando ainda que *o câncer de mama não tira o prazer pela vida.*

Nessa perspectiva, cumpre também um papel social, visto que, nessa categoria de produto proposta, exerce também o papel de suporte para reintegração social e sendo importante ferramenta para reconquista da autoestima.

2.2.6 Agênero

Muitas são as expressões atribuídas para a moda sem gênero, movimento, conceito, tendência e macrotendência. Os termos são tão imprecisos quanto o uso de uma cor para definir se alguém é feminino ou masculino, ou não se percebe com nenhum dos dois.

Netto considera que, ao tratar de uma moda sem gênero, as questões de identidade não podem ser desconsideradas conforme expõe:

---

[61] Pesquisas etnográficas e trabalho de campo realizado junto à Associação Toque de Vida, com entrevistas concedidas durante os meses de março/agosto de 2011 e julho de 2014 em trabalho de campo observante e participante, que culminaram na criação de uma coleção de *lingeries* para o desfile "De bem com a Vida", promovido pelas Associadas e realizado no Shopping Benfica de Fortaleza em 9 de agosto de 2014. Para mais informações, *cf.* https://www.facebook.com/toquedevidace/photos/pcb.724702494261978/724699650928929. Acesso em: 31 dez. 2021.

> Ao se estudar gênero faz-se necessário abordar os conceitos relacionados à sua identidade, uma vez que traduz a ideia da sexualidade humana, sendo esta ligada diretamente aos papéis sociais constituídos pela sociedade. Tais papéis são direcionados e exercidos de modo a refletir os valores histórico, cultural e político da sociedade, sendo esta, ao longo do tempo, definida e fundamentada à luz do modelo patriarcal e heteronormativa, não valendo-se dos fatores bio-psicológicos do indivíduo.[62]

Não se trata de uma tendência ou moda passageira, a discussão não é nova, conforme esclarece a ONG de pesquisa em moda Instituto *by* Brasil[63] e Netto, indicando que o desfile de Coco Chanel em 1920 desabotoou o debate e o surgimento do movimento *Tomboy*[64], quando a estilista introduziu peças exclusivamente masculinas em sua coleção feminina, abrindo um diálogo que vem ganhando cada vez mais força em benefício das interlocuções sobre as questões de gênero na moda[65]. Netto amplia a narrativa ao descrever esses trajes e na sequência elenca outros movimentos em uma breve linha cronológica durante o século XX relacionando-os a moda sem gênero:

> Na década de 1920 surgiu o movimento *Tomboy*, que deu início com Gabrielle Bonheur Chanel, estilista responsável pela criação da grife francesa Chanel, que buscou adaptar o guarda-roupa masculino para o vestuário feminino, como, por exemplo, a calça pantalona e a camisa listrada, ambas inspiradas nos uniformes da marinha francesa. Já no movimento *Hippie*, ocorrido na década de 1960 até a metade de 1974, o *unissex* acabou surgindo com o homem e a mulher usando roupas independentes do gênero a qual "pertenciam". Logo na década 1980 se popularizou o movimento de *cross-dressing*, que é o termo utilizado para se fazer referência aos homens heterossexuais que sentem prazer ao se vestirem como mulheres. Contudo, as roupas *unissex* já existiam nas décadas de 1980 e 1990, entretanto a discussão sobre a neutralização de gêneros na moda ganha maior repercussão no ano de 2010.[66]

[62] NETTO, Antonio Zani. **Moda sem gênero**: um estudo para a busca de quebras de paradigmas relacionados às vestimentas. 2016. Trabalho de Conclusão de Curso (Graduação em Tecnologia em Design de Moda) – Universidade Tecnológica Federal do Paraná, Apucarana, 2016. p. 25. Disponível em: http://repositorio.utfpr.edu.br/jspui/handle/1/5859. Acesso em: 10 jun. 2021.

[63] Para mais informações: https://www.institutobybrasil.org.br/. Acesso em: 10 jun. 2021

[64] Movimento *Tomboy* - Disseminado na época da Segunda Guerra Mundial, quando as mulheres já se sentiam menos submissas por poderem dirigir, conquistar autonomia dentro e fora de casa e precisavam se tornar independentes.

[65] NETTO, *op. cit.*

[66] NETTO, 2016, p. 30

A moda agênero é feita para o ser humano independente da orientação sexual, etnia ou *status* social. Importante salientar que agênero não é *unissex*, visto que as roupas *unissex* são criadas para atender a um gênero específico, no entanto, podem ser usadas tanto por homens quanto por mulheres, contudo, o agênero objetiva quebrar um padrão, não definindo se feminino ou masculino. Netto explica ainda que:

> Moda e gênero são assuntos que têm ganhado muita força e estado em constante discussão, seja como *plurissex, genderless, gender-bender, gender-fluid, agender, unissex* ou outro possível termo que possa vir a surgir com o tempo para definir moda sem gênero, movimento que vai muito além das tendências *fashion*. Esse movimento tem a ver com a ruptura dos estereótipos sobre as formas tradicionais de gênero, o que nos faz repensar as definições pré-estabelecidas sobre o masculino e o feminino, buscando a igualdade no modo de vestir.[67]

A moda agênero é um reflexo social, que defende o bem-estar independente do gênero, com roupas desenvolvidas sob o prisma de uma identidade neutra, um movimento que cresce em favor de formas e modelagens que contemplem o conforto do ser humano.

Nesse sentido, não se trata apenas de um nicho de mercado onde a moda e a publicidade se direcionam objetivando o consumo e o lucro, está relacionado com os avanços e movimentos da sociedade. Esta cresce, se consolida, ganha espaço em todos os segmentos, com a *lingerie* não é diferente.

Contudo, ao se tratar de moda íntima agênero o debate é muito amplo no que se refere a modelagem, a *lingerie* intrinsecamente cumpre um papel de segunda pele, portanto, devem ser compostas por modelagens que propiciem ajustes e adequações específicos para os corpos femininos e masculinos, trata-se de um desafio antropométrico, em função da própria anatomia serem distintos, conforme Sabrá, ao discorrer sobre antropometria, como sendo um "estudo que trata das medidas físicas do corpo humano. Todas as populações são compostas por indivíduos de diferentes tipos físicos que apresentam diferenças nas proporções de cada segmento do corpo".[68]

---

67 *Ibid.*, p. 30

68 SABRÁ, Flávio. **Modelagem**: Tecnologia em produção de vestuário. 1. ed. São Paulo: Estação das Letras e Cores, 2009.

Sabrá explica ainda que, ao se tratar de corpos masculinos e femininos, as diferenças se tornam mais evidentes a partir dos 10 anos de idade, quando as meninas na puberdade passam a crescer mais rápido nos dois primeiros anos, enquanto os meninos crescem mais entre 12 e 15 anos e continuam esse crescimento até os 23 anos. O pesquisador esclarece ainda sobre distinções anatômicas mais marcantes entre homens e mulheres ao afirmar que:

> O homem apresenta os ombros mais largos, tórax maior, clavículas mais largas e quadril relativamente estreitos. As cabeças são maiores, assim como mão e pés, e os braços são mais longos. As mulheres têm ombros relativamente estreitos, tórax menor e mais arredondado e quadris mais largos. A diferença de estatura é de 6 a 11%. Os homens possuem mais músculos do que gorduras, e a localização da gordura é diferenciada. As mulheres concentram mais gorduras subcutânea, que é responsável pelas formas arredondadas. Sua localização está nas nádegas, parte frontal do abdome, superfície lateral e frontal da coxa e nas glândulas mamárias. A maior concentração de gordura da mulher fica entre a região do quadril e a coxa".[69]

Figura 3 – Peça publicitária de lingerie agênero da marca TomboyX

Fonte: Hypeness (2018)

[69] SABRÁ, 2009, p. 47-48.

A marca TomboyX, em 2018, assumiu o desafio antropométrico ao desenvolver *lingeries* agênero quando lançou calcinhas, cuecas e sutiãs com *design*, modelagens e cores que deixam de lado as restrições de gênero, a proposta é que o consumidor ao escolher e vestir se sinta confortável.

Figura 4 – Peça publicitária de lingerie agênero da marca TomboyX

Fonte: Hypeness (2018)

Tendo a roupa agênero a premissa de vestir bem o ser humano independente do gênero, com peças que promovam conforto e bem-estar, e sendo a *lingerie* uma roupa que trata da intimidade com atribuição de segunda pele, é de suma importância que este segmento da moda, acompanhe os reflexos sociais, buscando recursos no que tange a matérias-primas e modelagens que se adequam a diversidade dos corpos de modo a atender as novas demandas da sociedade.

3

AS CONFECÇÕES EMERGENTES E AS INCORREÇÕES NAS TABELAS DE TAMANHOS

Cada tamanho traz duas numerações ou manequins, que propiciam maior vestibilidade e adequação das roupas em relação ao corpo. No que tange a *lingerie* em geral, tamanho corresponde as dimensões do corpo baseada em medidas lineares, área e volume para identificar calcinhas, sutiãs, *bodies*, cintas e peças afins.

Importante informar que, em consequência do surgimento dos mercados populares[70] de moda no Brasil, emergidos a partir da década de 1980, associada a ausência de qualificação em modelagem, bem como o desconhecimento das diretrizes técnicas do vestuário por parte desses empreendedores, ocorreu por desinformação, uma simplificação em relação a grade tamanhos, contribuindo para ambiguidades de interpretação na correlação tamanho *vs*. manequim. Diante do exposto, os tamanhos P, M, G e GG foram, de forma simplista, relacionados aos

[70] Mercados emergentes e populares na moda – Conhecidas como fábricas "fundo de quintal", o que não quer dizer exatamente que as fábricas são montadas nos fundos das residências; trata-se apenas de um termo utilizado para descrever fábricas pequenas, com uma produção supostamente baixa, se comparadas com grandes indústrias em uma localização específica. Geralmente, a comercialização dos produtos provenientes dessas confecções ocorre em feiras e comércios populares como o antigo Beco da Poeira e o Centro Fashion em Fortaleza, bem como Aprazível (CE); a feira da Sulanca no Caruaru e Santa Cruz do Capibaribe (PE); as feiras da madrugada no Brás (SP) e na José Avelino em Fortaleza (CE). Elas têm produtos frequentemente revendidos por sacoleiras (vendedora de porta em porta ou na própria casa), movimentando o mercado informal. Os polos de moda íntima como conhecemos atualmente são relativamente jovens, tendo emergido a partir da década de 1980 em diversas regiões do país, através de pequenas confecções que cresceram dando origem aos polos produtores de *lingerie*. Essas informações foram coletadas em pesquisas etnográficas elaboradas pela própria autora, tendo como ferramenta a observação participante através das vivências profissionais na indústria de confecções de moda íntima ao longo de 30 anos.

manequins 40, 42, 44 e 46, configurando-se em um equívoco, sendo possível constatar a inadequação ao comparar a Tabela 1 com a Tabela 2, conforme ilustrado a seguir:

Tabela 1 – Tabela de tamanhos adotada pelos mercados emergentes

TABELA DE TAMANHOS E MANEQUINS ENCONTRADAS NOS MERCADOS POPULARES E EMERGENTES					
TAMANHO	**PP**	**P**	**M**	**G**	**GG**
MANEQUIM	**38**	**40**	**42**	**44**	**46**

Fonte: elaborada pela autora com base nas pesquisas realizadas durante a vivência nas confecções

Tabela 2 – Tabela elaborada com base no projeto NBR/13377 – MAIO/1995 ABNT

TABELA DE TAMANHOS E MANEQUINS										
TAMANHO	PP		P		M		G		GG	
MANEQUIM	34	36	38	40	42	44	46	48	50	52

Fonte: elaborada pela autora

Inadequadamente, o mercado popular foi atribuindo ao manequim 44 a condição de estar relacionado ao tamanho G e o manequim 46 ao tamanho GG, esse mal-entendido foi sendo incorporado por muitas confecções nos diversos segmentos de moda, especialmente da moda íntima, inclusive, por algumas indústrias da cadeia têxtil desenvolvendo e comercializando insumos especializados para a produção de *lingeries*, como é o caso da indústria de bojos conformados, munidos de uma tabela de tamanhos inadequada, conforme ilustrado na Tabela 1.

Propomos um debate rápido e superficial, no sentido de incentivar uma reflexão mais profunda para análises posteriores, onde surge a necessidade de perguntas serem lançadas, sobretudo, no que se refere as tabelas de tamanhos adotadas pelos mercados emergentes (vide Tabela 1).

Sendo uma mulher muito magra e tendo uma altura estimada entre 1,70 m e 1,75 m, vestindo o manequim 36 e não se encaixando no tamanho PP, em que categoria de tamanho, segundo os padrões determinados pela tabela 1, essa mulher estaria inserida? Estaria fora da tabela? Ou haveriam incentivos para que as mulheres se adequem a padrões corpóreos irreais?

Se compararmos duas mulheres, uma magra e tendo uma altura estimada entre 1,70 m e 1,75 m e outra curvilínea, com estatura entre 1,55 m e 1,60 m, ambas vestindo o manequim 38, em que categoria de tamanho segundo os padrões pré-determinados essa mulher estaria inserida? Aceitável que a primeira tenha que estar magra para atender o padrão, sem considerar o Índice de Massa Corporal (IMC)?

Sendo uma mulher proporcional e tendo uma altura estimada entre 1,60 m e 1,65 m; vestindo o manequim 42 e se encaixando no tamanho M em que categoria segundo os padrões já mencionados, essa mulher estaria inserida? *Slim*? *Curvy*? *Plus size*?

Se uma mulher curvilínea, tendo uma altura estimada entre 1,65 m e 1,70 m, veste o manequim 44 se encaixando no tamanho G conforme a tabela 1, em que categoria segundo esses padrões essa mulher estaria inserida?

Nessa perspectiva, uma mulher tendo uma altura estimada 1,85 m, sendo curvilínea, e vestindo o manequim 46 está correlacionada ao tamanho GG segundo a tabela 1? Ela pode ser considerada *curvy/midsize* ou *plus size* mesmo sem ser gorda?

Então, uma mulher tendo uma altura estimada 1,50 m, sendo gorda, e vestindo o manequim 48 está correlacionada em que tamanho segundo tabela 1? Estaria esta fora do padrão? Estaria, portanto, excluída?

Assim, de modo geral, conforme a tabela amplamente utilizada pelo mercado emergente, se os indivíduos, independente do gênero, vestissem dos manequins 54 ao 66, em que tamanhos suas numerações estariam correlacionadas segundo a tabela 1? Supostamente seria EGG – EGGG – EGGGG – EGGGGG?

Um questionamento que evidencia a importância da aplicação das normas técnicas. No entanto as incongruências insistem em surgir, visto que a norma da ABNT[71], permite interpretações ao informar:

> 1 Objetivo 1.1 Esta Norma padroniza os tamanhos de artigos do vestuário, em função das medidas do corpo humano. 1.2 Esta Norma visa orientar os consumidores de artigos do vestuário na escolha dos tamanhos nominais. 1.3 As referências de medidas do corpo humano e os padrões mínimos estão classificados nos segmentos masculino, feminino e infantil. 2

[71] Disponível em: https://docero.com.br/doc/18vcsc. Acesso em: 10 jun. 2021.

> Condições gerais: Os conceitos de formulação aplicados nesta Norma são descritos em 2.1 a 2.4. 2.1 Medidas do corpo humano: As medidas utilizadas no Capítulo 3 representam as medidas circunferências do corpo humano. 2.2 Tamanhos nominais: Os tamanhos nominais representam a identificação dos diversos manequins comercializados, respeitando-se os critérios existentes no mercado para cada tipo de roupa. Os tamanhos nominais não mencionados representam produtos fora da grade convencional. 2.3 Tipos de produtos: Cabe aos fabricantes estruturar a modelagem de acordo com as características do estilo, da matéria-prima e da construção pertinentes a cada tipo de produto. 3 Condições específicas: As medidas do corpo humano encontradas entre os valores mínimos estabelecidos nas tabelas referenciais devem ser transportadas para "o imediatamente superior", a fim de identificar o tamanho nominal.[72]

Tabela 3 – Grade de tamanhos de diversas fontes

GRADE DE TAMANHOS NBR 13377		**36**	**38**	**40**	**42**	**44**	**46**	**48**	**50**	**52**
	PP		**P**		**M**		**G**		**GG**	
DUARTE e SAGGESE[73]		**36**	**38**	**40**	**42**	**44**	**46**	**48**		
HEINRICH[74]			**38**	**40**	**42**	**44**	**46**			
SENAI[75]	**34**	**36**	**38**	**40**	**42**	**44**	**46**	**48**	**50**	
	PP		**P**		**M**		**G**		**GG**	
SENAC [76] (2008)		**36**	**38**	**40**	**42**	**44**				

Fonte: elaborada pela autora

72 ASSOCIAÇÃO BRASILEIRA DE NORMAS TÉCNICAS. **ABNT NBR 13377:** Medidas do corpo humano para vestuário – Padrões referenciais. Rio de Janeiro: maio de 1995.

73 DUARTE, Sonia; SAGGESE, Sylvia. **Modelagem industrial brasileir**a. Rio de Janeiro: Letras e Expressões, 2002.

74 HEINRICH, Daiane Pletsch. **Modelagem e técnicas de interpretação para confecção industri**al. Novo Hamburgo: Feevale, 2005.

75 SENAI-PR. **Modelagem industrial femini**na. Curitiba: Senai, 2006.

76 SENAC. **Modelagem plana femini**na. 4. reimp. Rio de Janeiro: Senac Nacional, 2008.

Comparativamente, mediante a Tabela 3, é possível observar que de acordo com a NBR 13377, somente as numerações 38, 40, 42 e 44 são contemplados pelos autores Duarte e Saggese, Heinrich, SENAI e SENAC.

Alves e Gruber constatam divergências ao apresentam um estudo comparativo entre as tabelas de medidas femininas para modelagem no Colóquio de Moda 2011, quando em "análise de cada uma das tabelas utilizadas, foram traçadas comparações e apontadas as diferenças entre nomenclaturas, grades de tamanhos e medidas".[77] Tais constatações nos levam a compreender a necessidade de inclusão de numerações, bem como a utilização de uma grade de tamanhos normatizada, com informações claras e precisas, Heinrich nos adverte sobre a importância das medidas para o vestuário ao afirmar que "uma das características principais que definem um bom molde básico é a exatidão das medidas, pois elas caracterizam um molde perfeito e economizam tempo para a produção".[78]

De todo modo, segundo o projeto de norma ABNT NBR 13377, de maio de 1995, sob antigas diretrizes antropométricas, fica claro que, em nenhuma circunstância, o manequim 44 está correlacionado ao tamanho G, tampouco 46 ao GG, sendo a normativa minimamente considerada quando as numerações até o 52 deveriam ser atendidas, não havendo impeditivos para a utilização de uma ampla grade de tamanhos.

Importante salientarmos, que a presente análise foi feita em resposta aos questionamentos levantados ao longo de diversos trabalhos de campo e na vivência do ambiente fabril e comercial em moda íntima, originadas por diversas consumidoras que não se sentiam inseridas nos tamanhos adotados por muitas marcas de vestuário.

Em continuidade, foram encontrados no mercado peças do vestuário que atendiam a tamanhos com medidas subdimensionadas, tendo as consumidoras que comprar artigos de moda, com numerações acima de suas medidas reais (quando encontravam), uma ausência de normatização que causa sérios impactos no cotidiano de quem compra e consome, inclusive, resultando em danos emocionais, principalmente, porque promove um sentimento de exclusão por parte dos indivíduos,

---

77 ALVES, Andressa Schneider; GRUBER, Crislaine. Estudo comparativo entre tabelas de medidas femininas para modelagem. **VII Colóquio de Moda**, 11 a 14 de setembro de 2011, p. 9. Disponível em: https://www.researchgate.net/publication/279852833_Estudo_comparativo_entre_tabelas_de_medidas_femininas_para_modelagem. Acesso em: 30 out. 2021.

78 HEINRICH, *op. cit.*, p. 27.

visto que não se sentem encaixados nos padrões de tamanhos adotados por uma grande parcela de marcas de moda que segue sem refletir sobre a diversidade dos corpos, com poucas excessões.

Somada aos fatores ora apresentados, a publicidade das marcas em relação a tamanhos e padrões por meio das redes sociais e catálogos, associadas a comunicação das revistas do setor oferecem padronizações que estimulam a rotulação; assim, classificações como *slim*, *curvy*, *mid-size* e *plus size*, pecam pelo excesso desconsiderando frequentemente a diversidade dos corpos, quando a tabela de tamanhos e medidas deveria unicamente contemplar todos os tamanhos e manequins, sem rótulos, de modo a difundir informações claras, adequadas e concretas, não permitindo margem para interpretações que causem constrangimento aos consumidores.

Sendo a própria dúvida em relação ao tamanho que veste e o padrão em que o indivíduo se encaixa, por si só, uma denuncia que os rótulos relacionados as medidas não normatizadas tornam-se mazelas, sendo amplamente propagadas mediante as comunicações comerciais e mídias, não havendo ainda uma solução para difusão adequada em que se correlacione a grade de tamanhos.

Nesse sentido, onde fica o discurso do "Moda para todos"?

Independente de padrões corporais ou grade de tamanhos, acreditamos que os mesmos devem contemplar a diversidade dos biotipos, sem provocar nenhuma espécie de exclusão.

Destacamos que o presente debate é sério e importante, especialmente quando se fala amplamente em bem-estar, sobretudo, com o advento do mercado *on-line*, onde as informações relacionadas a grade de tamanhos com medidas para o vestuário devem ser claras e objetivas, sobremaneira, a custo da imagem das marcas sofrerem com as críticas nas redes sociais que, atualmente, se apresentam como um novo e eficiente Serviço de Atendimento ao Consumidor (SAC).

Portanto, percebemos que a *lingerie* não está livre das exigências das consumidoras que desejam ser incluídas, pelo contrário, cresce a pressão sob as marcas, para que haja produto em seus tamanhos, tanto quanto desejam representatividade na comunicação, desta forma destacamos a seguir o *case* da marca Victória's Secret como exemplo do tema abordado neste tópico.

3.1 O *CASE* VICTÓRIA'S SECRET

No que se refere a *lingerie*, a marca Victória's Secret ao criar seu time de *Angels*, com medidas perfeitas, sutiãs de rubis e asas gigantescas, desenhou um ideal de beleza feminino, desconsiderando as mulheres reais.

Após perder milhares de dólares em vendas, assim como números vultuosos de seguidoras e clientes, a marca passou a receber críticas nas redes sociais, acusada de colocar mulheres nos holofotes para agradar ao ideal masculino; diversas modelos como Bella Hadid e Hailey Bieber chegaram a ser reprovadas nos *castings* do desfile da organização, por não serem perfeitas o suficiente. Associada a isso, milhares de consumidoras da Victória's Secret, afirmaram terem sido bombardeadas durante anos por um ideal de beleza absolutamente irreal. Fraser explica sobre a representação do corpo magro para o povo norte-americano quando afirma:

> [...] ser magro para os norte-americanos não representava somente um sinal de classe, mas também de moralidade. Havia uma longa tradição na cultura norte-americana que condenava o excesso de apetite como imoral, sexual e pecaminoso.[79]

Farrell vai além nas questões que envolvem os padrões corporais ao explicar "que a gordura está associada ao corpo não civilizado e a magreza a um corpo civilizado, aspecto que é verificável desde o século XIX".[80]

Tais afirmações ilustram o comportamento da marca que durante anos demonstrou frequentemente, que diversidade não fazia parte da sua estratégia de comunicação com suas consumidoras. Enquanto gigantes do mercado passaram a investir pesado em campanhas publicitárias que enalteciam a inclusão racial, estética e gênero, a Victória's Secret, enquanto umas das mais relevantes empresas de *lingeries* e produtos de beleza com relativa popularidade entre o público feminino no mundo, ainda não acompanhava esse novo comportamento.

Em 2019, a companhia norte-americana apresentou sua nova *Angel*, a modelo Barbara Palvin de corpo levemente curvilíneo, classificando-a como modelo *plus size*, o que reverberou em uma repercussão mundialmente negativa entre o público feminino, inúmeras críticas negativas mencionavam a marca e a modelo. Entre protestos, muitas declarações sobre a falta de representatividade da mulher gorda na marca e a nega-

---

[79] FRAISER, 2009 *apud* AIRES, 2019, p. 62.

[80] FARRELL, 2011 *apud* AIRES, 2019, p. 62

ção da estrutura corporal da modelo húngara como modelo *plus size*, reverberaram muito entre as redes sociais e as mídias.

Figura 5 – Post de repúdio no *twitter* contra a declaração da marca Victória's Secret indicando a modelo Barbara Palvin como modelo *plus size* em seu desfile

> **"Si Barbara Palvin es la primer modelo "plus size" de Victorias Secret, no me quiero ni imaginar en qué categoría me meterían a mi ?"**
>
> **"— ıɾzeel aя (@soy_itzeel)** March 22, 2019"

Fonte: Hypeness (2019)

Figura 6 – Post de repúdio no *twitter* contra a declaração da marca Victória's Secret indicando a modelo Barbara Palvin como modelo *plus size* em seu desfile

Fonte: Hypeness (2019)

As manifestações de indignação contra a declaração de Barbara como modelo *plus size* da marca Victória's Secret se intensificaram ainda mais após declarações do diretor criativo da companhia, Ed Razek, que segundo o *Hypeness*, em entrevista à revista Vogue fez declarações transfóbicas e afirmou ser contra a diversidade.

Figura 7 – Post de repúdio no *twitter* contra a declaração da marca Victória's Secret indicando a modelo Barbara Palvin como modelo *plus size* em seu desfile

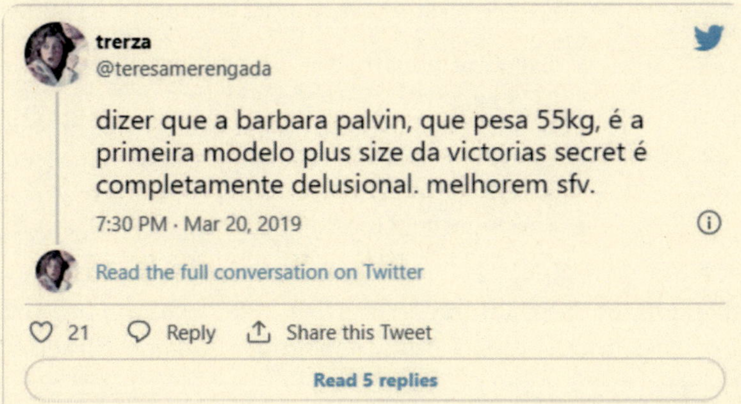

Fonte: Hypeness (2019)

As declarações do diretor criativo da marca para a revista de moda não cessaram na afirmação de "ser contra a diversidade", que continuaram em crítica a participação da marca Savage X Fenty na Semana de moda de Nova York 2018 – 2019 que apresentou modelos de todos os tamanhos, várias etnias, modelos transgêneros e grávidas.

Figura 8 – Desfile da marca Savage X Fenty na Semana de Moda de Nova York 2018-2019

Fonte: Pereira (2019)

Afirmações como "É tipo, porque o seu *show* não faz isso? Você não deveria ter transexuais no *show*? Não. Não, eu não acho que nós deveríamos. Bom, por que não? Porque o *show* é uma fantasia". E continuou:

> Porque a marca tem uma imagem específica, tem um ponto de vista. Tem uma história. Por sinal, nós tivemos três modelos grávidas no nosso *show*. Todo mundo falou sobre o [*show* da Rihanna] tendo uma modelo grávida. Todas essas coisas que eles 'inventaram', nós já fizemos e continuamos fazendo.[81]

Na hipótese das declarações do diretor criativo da marca Victoria's Secret relacionada ao culto da beleza com estereótipos pré-definidos, sobretudo, direcionados para a mulher magra, tais declarações repercutiram negativamente para a marca, provocando muitas manifestações nas redes sociais em todo o mundo, que o diretor da marca precisou se desculpar, no entanto, mencionou apenas sobre as questões transgêneros, não fazendo menção alguma, as mulheres *plus size*:

> Minhas observações sobre a inclusão de modelos transgêneras no '*Victoria's Secret Fashion Show*' soaram insensíveis. Eu peço desculpas. Para ser claro, nós absolutamente colocaríamos uma modelo transgênera no nosso *show*. Nós tivemos modelos transgêneras fazendo testes e como várias outras, elas não entraram. Mas isso nunca foi sobre gênero. Eu admiro e respeito a jornada delas em aceitar quem realmente são.[82]

Com efeito, conforme nos esclarece o sociólogo sobre as mudanças culturais, ao salientar que "no âmbito da modernidade líquida, a cultura perde todas as imposições provenientes de seus criadores"[83], ao refletirmos sobre as imposições da cultura da magreza por meio de campanhas publicitárias, que arraigadas de convenções estéticas e padrões estereotipados, não contemplam a diversidade em todas as suas faces, provenientes do imperativo das marcas e de seus criadores em imprimir uma imagem escapista em relação ao consumidor, torna-se evidente que, continuamente, os discursos das grifes perdem força diante dos novos comportamentos, visto que, o público encontrou nas redes sociais um

[81] REDAÇÃO HYPENESS. Suposta Angel plus size da Victoria's Secret prova que a marca precisa ser resetada. **Hypeness**, 22 mar. 2019. Disponível em: https://www.hypeness.com.br/2019/03/suposta-angel-plus-size-da-victorias-secret-prova-que-a-marca-precisa-ser-resetada/. Acesso em: 12 out. 2020.

[82] *Ibid.*

[83] BAUMAN, Zygmunt. **Modernidade Líquida**. Jorge Zahar Ed., 2013. p. 16-17.

difusor de suas vozes, possibilitando externar suas opiniões e desconfortos frente as superposições da publicidade das companhias de moda e beleza.

Muito embora o diretor criativo da marca Victoria's Secret não tenha se manifestado sobre a indicação da modelo Barbara Palvin como representante da marca no que tange aos produtos de tamanhos grandes, tampouco tenha argumentado sobre a não aceitação e cancelamento[84] da marca pelo público *plus size* frente a escolha da modelo.

Em vista disso, outras marcas de *lingeries* que já trabalhavam suas campanhas publicitárias com modelos gordas, intensificaram sua comunicação para aproximar-se cada vez mais de suas consumidoras, muitas vezes até democratizando essa escolha, utilizando enquetes das redes sociais para o público eleger suas *personas*[85] em campanhas publicitárias de suas organizações.

Em 2021, a companhia aposta em novos rostos para a marca, trazendo a diversidade como representatividade, mudanças vistas como pequenas e tardias por vários críticos e sites especializados em comportamento do consumidor, especialmente, se comparada a todas as transformações que o mundo está propondo. Neste âmbito, Aires nos adverte sobre o papel dos discursos midiáticos, quando aborda que: "Da mesma forma que a publicidade foi eficiente em celebrar o corpo gordo, também o será para convencer a população a emagrecer".[86]

Ainda assim, o *case* da marca Victória's Secret serve como exemplo para se entender que o mundo mudou, e que a moda não tem como ficar à parte frente aos reflexos sociais, com isso percebemos que o tema pertinente ao corpo padrão vai muito além da adoção simplista de nomenclaturas, muito embora a companhia sempre tenha adotado para seus produtos uma ampla variedade de tamanhos e numerações, conforme as medidas antropométricas de seu país, porém, pecou no que tange a representatividade na própria publicidade, resultando em impactos negativos para a marca.

---

[84] Cancelamento — A cultura do cancelamento é um fenômeno em que uma pessoa é ejetada de uma posição de influência ou fama devido a atitudes questionáveis. *Cf.* INFOPÉDIA. Cancelamento. **Dicionário Infopédia da Língua Portuguesa**. Disponível em: https://www.infopedia.pt/dicionarios/lingua-portuguesa/cancelamento. Acesso em: 30 out. 2021.

[85] Persona — São personagens fictícios criados para representar as diferentes categorias de usuário dentro de um alvo demográfico, atitude e/ou comportamento definido que poderia utilizar um site, uma grife ou produto de um modo similar. Personas são uma ferramenta ou método de segmentação de mercado. *Cf.* Persona. **Dicionário Infopédia da Língua Portuguesa**. Disponível em: https://www.infopedia.pt/dicionarios/lingua-portuguesa/persona. Acesso em: 30 out. 2021.

[86] AIRES, 2019, p. 48.

No que concerne aos reflexos da sociedade atual, representatividade é fundamental, seja esta na publicidade e, principalmente, ao disponibilizar os produtos nos tamanhos desejados pelas consumidoras, importante salientarmos ser fundamental acompanhar ou desenvolver uma estratégia para a comunicação comercial, visto que, promover campanhas que contemplem a diversidade e não dispor dos produtos com suas características técnicas e numerações, não só pode ser caracterizado como propaganda enganosa, como é o indicativo do descaso em relação aos próprios produtos e a promessa de atender aos anseios do consumidor, assim como, particularizar que a empresa ainda não está preparada para atender a amplitude que a diversidade representa, neste caso, a definição e delimitação do público alvo é essencial.

3.1.1 Os corpos da brasileira

Ao falarmos dos corpos das brasileiras, atualmente funkeiras como Anitta e Ludmilla, bem como a cantora pop Iza se destacam nas mídias eternizando o desejo da mulher "boazuda", "popuzuda" ou "gostosa", cujos corpos de cintura fina, abdômen definido, quadris largos, bumbum e coxas firmes e grossas permancem apontados como ideal da "beleza originalmente brasileira". Aires expõe sobre o ideal de beleza brasileira em contraposição a beleza americana ao afirmar:

> Embora o Brasil tenha adotado o modelo americano de valorização do corpo magro, ainda se manteve por aqui a ideia de mulher "gostosa", cintura fina, quadris e coxas largas, e geralmente de pele morena. Esse tipo de corpo feminino sobrevive até os tempos atuais, ao lado do magro – padrão de corpo feminino dominante no ocidente.[87]

O corpo curvilíneo vem sendo muito difundido no Brasil desde a década de 1990, segundo[88] popularizadas e protagonizadas por dançarinas e atrizes com coreografias e personagens sensuais, como Carla Perez da banda de axé "É o Tchan"; as personagens Tiazinha, interpretada por Suzana Alves e Feiticeira, interpretada por Joana Prado em uma atração da Band chamada *H* e apresentado por Luciano Huck. A autora esclarece ainda que:

87 AIRES, 2019, p. 88.

88 *Ibid.*, p. 90.

> Essas personagens curvilíneas alimentaram o imaginário de que o bumbum grande é paixão nacional, assim como nos Estados Unidos há uma ideia disseminada de que mulheres com busto grande são mais belas e sensuais. As propagandas brasileiras de cervejas, que sempre apresentavam mulheres curvilíneas seminuas, também tiveram importante influência na sensualização da mulher no Brasil.[89]

Se por um lado há uma parcela da população brasileira sensível ao padrão da mulher "gostosa", por outro lado, destaca-se também uma fração da população adepta de um padrão de beleza mais esguio, conforme Aires esclarece:

> Considerando que nosso país é subdesenvolvido, e sua população possui menos recursos financeiros que a norte-americana, fica realçada a importância que o corpo enxuto assume em território nacional, atingindo principalmente as mulheres, aquelas que mais realizam cirurgias e procedimentos estéticos, por serem guiadas e convocadas fortemente a controlar o peso.[90]

Evidenciamos mediante o exposto que os padrões de beleza da mulher brasileira também acendem às questões de classe, basta observar o ideal de beleza brasileira apontado por classes sociais mais abastadas, indicando a modelo, ativista e empresária Gisele Bündchen como padrão corporal ideal, uma mulher dotada de um corpo magro – um padrão feminino dominante no ocidente. A discussão é tão ampla quanto complexa, especialmente quando o assunto é vestir respeitando diversidade, pluralidade e inclusão.

No Brasil, algumas marcas de lingerie andam em concordância com os padrões, enquanto outras, atentas as transformações e seus reflexos sociais, ampliam suas personas visando maior identificação do público que almejam atingir. Em 2014, as marca cearenses Vi lingerie lançou a campanha "Mulheres Reais" com quatro modelos de biotipos distintos incluindo uma ex-modelo em período de lactação; enquanto a Dilady, em 2019, lançou a campanha "Beleza que faz diferença"; em 2019, a Plié, tendo a cantora Iza como persona, destacava seu slogan "Respeito as curvas"; a empresa 2Rios lançou em 2020 a campanha "somos reais"; enquanto a Liebe também desenvolveu campanhas contemplando pluralidade e diversidade em 2020 e 2021; em contrapartida, as marcas Hope

---

[89] *Ibid.*, p. 91.

[90] AIRES, 2019, p. 91.

encabeçaram campanhas com a cantora Anitta em 2020; Valisère com a atriz Mariana Rui Barbosa, também em 2020; já a marca italiana com atuação comercial também no Brasil Intimissimi, elegeu a atriz Bruna Marquezine como sua embaixadora global nesse mesmo ano, e em 2021, optou pela também atriz Camila Queiroz como nova embaixadora global da organização. Tais ações na comunicação das marcas de lingerie evidenciam por meio de suas personas uma busca pela identificação de seus públicos-alvo, enquanto o público em geral almeja sentir representado enquanto diversidade, pluralidade e inclusão nas comunicações.

Notoriamente, por questões de investimento em matérias-primas, estruturação e tempo para o desenvolvimento e produção das roupas, torna-se inviável que todos os produtos atendam todos os tamanhos e numerações, contudo, é expressamente necessário, que sejam apresentadas normas claras para a fácil identificação do consumidor ao escolher e adquirir seus produtos de vestuários, sejam estes *lingerie* ou quaisquer outros artigos dos segmentos da moda. É primordial que haja clareza nas informações específicas, de modo a promover a independência e autonomia do público, diante da escolha do produto e identificação do seu manequim.

Desde o capítulo 2 até o tópico atual, abordamos publico-alvo *vs.* mercado-alvo; dialogamos sobre o corpo e os padrões atribuídos a ele; exploramos as particularidades dos diversos públicos com foco na pluraridade e diversidade; iniciamos o debate com as questões que se entrelaçam nos tamanhos e manequins e os equívocos da simples adaptação, no qual foram apresentados questionamentos oriundos de entrevistas, onde consumidoras referiram-se a dificuldade de encontrar suas numerações, bem como a ncessidade de informação clara para que o público aprenda a conhecer o próprio tamanho; a exposição do *case* da marca Victória's Secret, em que foi abordado a ausência de representatividade em relação a diversidade, no que se refere a personas e sua respectiva indentificação entre público *vs.* produto da marca; e por fim, os padrões de beleza idealizados para a mulher brasileira, com uma breve exposição das personas adotadas para as campanhas de algumas marcas de *lingeries*.

Assim indagamos: como identificarmos o manequim correto conforme as medidas de cada corpo?

Dessa maneira, a partir do próximo tópico, apresentaremos de forma parcial para a obtenção dessas medidas e a adequada identificação do manequim/numeração de cada indivíduo, pois acreditamos que este conhecimento é tão importante para a *lingerie*, quanto para quaisquer outros segmentos da moda.

3.2 TAMANHOS *VS.* MANEQUINS: QUAL É O SEU?

Etimologicamente a palavra "tamanho" deriva do latim "*tam magnu*" que significa literalmente "tão grande". Ao pesquisarmos o significado de tamanho no dicionário da língua portuguesa, o mesmo trata-se de um substantivo masculino relacionado a grandeza, volume, área e dimensões de um corpo ou objeto.

Na perspectiva ora abordada, tamanho refere-se à identificação peculiar de cada corpo mediante medidas antropométricas apresentadas por órgãos reguladores como a Associação Brasileira de Normas Técnicas — ABNT, e a correlação de tamanhos/numerações das roupas comercializadas pelas marcas de vestuário. Assim, os tamanhos em que nos referimos, trata-se da unidade de medidas para roupas, entre outros artigos do vestuário, que seguem um padrão estabelecido para cada indivíduo ou grupo de pessoas. Para atender de forma eficiente a "vestibilidade" na moda íntima relacionado a diversidade dos corpos, o padrão "tamanho", de modo geral, é insuficiente para garantir ajuste adequado e bom caimento as *lingeries* dada as generalidades contempladas nas tabelas de tamanho dos produtos, para garantir um ajuste adequado, nesse perspectiva, as numerações e as copas[91] cumprem um papel crucial, pois propiciam que as consumidoras sejam conduzidas de forma assertiva a melhor identificar o próprio tamanho, conferindo melhor "vestibilidade" e ajuste das *lingeries* em relação ao próprio corpo.

[91] Copas – São as unidades de medidas específicas relacionadas ao volume dos seios, identificadas através das letras AA, A, B, C, D, DD, E, G, H, I, J e K, podendo se estender dependendo dos biotipos femininos de cada país.

3.2.1 Manequins: grade de tamanhos

Os manequins ou numerações tratam-se de unidades de medidas relacionadas aos tamanhos para o vestuário. A identificação da numeração para o vestuário é obtida mediante da tomada de medidas de partes do corpo por parte do indivíduo, que por sua vez compara as tabelas de medidas disponíveis nas marcas de sua preferência para conferir e conhecer sua numeração. Senac define a tabela de medidas como "um conjunto de medidas necessárias para a construção das bases de modelagem"[92] baseadas em médias calculadas a partir da tomada de medidas de um determinado grupo de pessoas, que podem ser infantis, adulto, feminino e masculino.

Heinrich conceitua medidas como "a determinação (em centímetros) das dimensões das partes do corpo humano"[93], uma identificação que ocorre mediante a observação das medidas de partes do corpo para o desenvolvimento de modelagens e produtos.

O objetivo dos numerações/manequins no vestuário é de propiciar o melhor ajuste das roupas em relação ao corpo, visando atender a pluralidade dos corpos, conforme exemplificado na Tabela 4 — grade de tamanhos, contemplando algumas medidas de partes do corpo em centímetros, conforme ilustrado a seguir:

---

[92] SENAC, 2008, p. 6.

[93] HEINRICH, 2005, p. 27.

Tabela 4 – Grade de tamanhos para desenvolvimentos de *lingeries*

TABELA DE MEDIDAS UTILIZADA NA MODA ÍNTIMA												
TAMANHO	**PP**		**P**		**M**		**G**		**GG**		**EGG**	
MANEQUIM	**34**	**36**	**38**	**40**	**42**	**44**	**46**	**48**	**50**	**52**	**54**	**56**
PESCOÇO	31	32	33	34	35	36	37	38	39	40	41	42
OMBRO	11	11,5	11,5	12	12,5	13	13,5	14	14,5	15	15,5	16
BUSTO	78	82	86	90	94	98	102	106	110	114	118	122
CIRCUN-FERÊNCIA DO TÓRAX	70	74	78	82	86	90	94	98	102	106	110	114
CINTURA	62	66	70	74	78	82	86	90	94	98	102	106
QUADRIL	84	88	92	96	100	104	108	112	116	120	124	128
LARGURA DO BRAÇO	25	26	26	27	28	30	32	34	36	38	39	40
ALTURA DA FRENTE	39	40	41	42	43	44	45	46	47	48	49	50
ALTURA DO BUSTO	21,5	22,5	23,5	24,5	25,5	26,5	27,5	28,5	29,5	30,5	31,5	32,5
ALTURA DO QUADRIL	18	19	19	20	20	20	20	21	21	22	22	23
ALTURA DAS COSTAS	33	34	35	36	37	38	39	39	40	40	41	42
ALTURA DO GANCHO	24	25	26	27	28	29	30	31	32	33	34	35

Fonte: elaborada, adaptada e ampliada pela autora com base na norma NBR/13377 – MAIO/1995 ABNT

Como é possível observarmos na identificação da tabela supra citada, a mesma foi desenvolvida sob as normas técnicas NBR/13377 – MAIO/1995 ABNT, evidenciando por meio das próprias informações, que tamanhos, manequins e as medidas dos corpos não se tratam de novas diretrizes, contudo, ocorre que em grande parte dos produtos comercializados no mercado de moda, especialmente, os artigos destinados ao mercado popular emergente, são impactados com a ausência de aplicabilidade das medidas correspondentes a essas partes do corpo.

Em 2012, Sebrae[94] e ABNT juntas apresentaram um manual com normas técnicas para o desenvolvimento de *lingeries*. Segundo a Agência Brasil, a ABNT publicou seu novo catálogo com as novas normas que definem os tamanhos das roupas femininas, incluindo as dimensões que compõem a grade de tamanhos em letras e numerações[95]. O projeto de normatização ABNT/CB-017 PROJETO ABNT NBR 16933 DEZ 2020 estabelece novas normas para a padronização de tamanhos e manequins para o vestuário feminino.

O novo projeto de normatização da ABNT para o vestuário feminino contempla variações de medidas para as estaturas baixa, média e alta, conforme tabela 5, e novas medidas com novas diretrizes de tamanhos conforme tabela 6.

Tabela 5 – Exemplos de medidas em relação à estatura baseada no biotipo ampulheta

ESTATURA	ESTATURA BAIXA	ESTATURA MÉDIA	ESTATURA MÉDIA
	1,50 m a 1,57 m	1,58 m a 1,65 m	1,66 m a 1,81 m
Altura do ombro até o solo	1,21 m a 1,24 m	1,25 m a 1,33 m	1,34 m a 1,45 m
Altura da cintura até o solo	90 cm a 93 cm	94 cm a 102 cm	103 cm a 114 cm
Altura da cintura à pelve (gancho)	25 cm	26 cm	28 cm
Altura do entre pernas	65 cm a 68 cm	68 cm a 76 cm	76 cm a 86 cm
Altura da cintura até o joelho	52 cm a 54 cm	55 cm a 59 cm	60 cm a 66 cm

94 SEBRAE - Associação Brasileira de Normas Técnicas. **Guia de implementação:** normas para confecção de lingerie. [Recurso eletrônico]. Rio de Janeiro: Sebrae, 2012.

95 GANDRA, Alana. ABNT publica norma para definir tamanho de roupas femininas. **Agência Brasil**, Rio de Janeiro, 12 dez. 2012. Disponível em: https://agenciabrasil.ebc.com.br/geral/noticia/2021-12/abnt-publica-norma-para-definir-tamanho-de-roupas-femininas. Acesso em: 20 dez. 2021.

ESTATURA	ESTATURA BAIXA	ESTATURA MÉDIA	ESTATURA MÉDIA
	1,50 m a 1,57 m	1,58 m a 1,65 m	1,66 m a 1,81 m
Comprimento consolidado do braço	58 cm a 59 cm	60 cm a 61 cm	62 cm a 65 cm
Extensão entre a cintura e o quadril	19 cm	20 cm a 21 cm	22 cm a 24 cm

Fonte: elaborada pela autora com base na norma NBR/16933 – DEZEMBRO/2020 ABNT

Tabela 6 – Tabela de medidas referenciais do corpo – Biótipo Colher

MEDIDAS REFERENCIAIS DO CORPO - BIOTIPO COLHER E/OU AMPULHETA															
TAMANHO	**PP**	**P**		**M**		**G**		**GG/G1**		**GG/G2**		**GG/G3**		**GG/G3**	
MANEQUIM	**34**	**36**	**38**	**40**	**42**	**44**	**46**	**48**	**50**	**52**	**54**	**56**	**58**	**60**	**62**
PESCOÇO	34,0	35,0	36,0	37,0	38,0	39,0	40,0	41,0	42,0	42,5	43,0	43,5	44,0	44,5	45,0
CINTURA	62	66	70	74	78	82	86	90	94	100	106	112	118	124	130
QUADRIL	88	93	98	103	108	113	118	123	128	135	142	149	156	163	170
BUSTO	80	84	88	92	96	100	104	108	112	118	124	130	136	142	148
PERÍMETRO DO TÓRAX OU SOB-BUSTO	68	72	76	80	84	88	92	100	104	108	112	116	120	124	128
ALTURA DO BUSTO	21,5	22,0	22,5	23,0	23,5	24,0	24,5	25,0	25,5	26,0	26,5	27,0	27,5	28,0	28,5

Fonte: elaborada pela autora com base na norma NBR/16933 – DEZEMBRO/2020 ABNT

As novas medidas referenciais do corpo NBR/16933 – DEZEMBRO/2020 ABNT comparativamente, traz algumas diferenças significativas, além das variações de acordo com os modelos de biotipos ampulheta e retângulo, as variações de acordo com as estaturas baixa, média e alta, complexidades a serem estudadas e adaptadas no desenvolvimento de produtos, especialmente na moda íntima.

Diante dos debates e análises ao longo deste capítulo, podemos constatar que se as diretrizes antropométricas fossem seguidas, muitos questionamentos levantados por nossas consumidoras seriam solucionados, ou não existiriam. Vale ressaltar que, desde 1995, temos as normas NBR/13377 – MAIO/1995 ABNT, as normas técnicas para a confecção de *lingeries* divulgadas pelo SEBRAE a partir de 2012 e as NBR/16933 – DEZEMBRO/2020 poderiam estar sendo aplicadas nos desenvolvimentos de produtos em *lingeries*, todavia, o mercado da moda íntima ainda não está completamente adaptado para a utilização dessa grade de tamanhos.

A pergunta é: "Por que não se adapta?".

Em relação a *lingerie*, compreendemos que a pergunta é simples e a resposta não tão simples assim, visto que, muitos dos insumos que compõe alguns itens importantes para a industrialização de *lingeries*, já trazem da indústria de transformação tamanhos pré-estabelecidos, como é o caso de alguns "bojos conformados"[96] e "aros metálicos"[97], sendo que estes, em muitos casos, apesar da imensa variedade de formas e medidas, não trazem tamanhos compatíveis com as copas livres de espumas e dos bojos conformados, sendo necessário a aquisição de outros aros em tamanhos diferentes, o que envolve a aquisição de mais desses insumos, seja investimentos, em função da ausência de homogeneidade e integração entre o contorno da base das copas e dos bojos, por conseguinte, com as significativas mudanças na nova norma da ABNT, muitos insumos divergem das medidas referenciais do corpo feminino, especialmente para a moda íntima.

Na indústria da *lingerie*, a questão é grave, isso porque incide sobre a manufatura, tempo de produção, conflitos no PCP (Planejamento e Controle da Produção) devido a substituição de insumos, e quando a informação da troca não passa pelo PCP causa divergência nos saldos dos estoques de matéria-prima, podendo comprometer também a vestibilidade e o conforto.

Por um lado, os comércios de insumos especializados em lingerie, dispõem de poucos modelos em aros metálicos, ocasionalmente três modelos específicos que compreendem em:

---

[96] Bojos conformados – São todas as espécies de espumas em poliuretano revestidas de poliéster, algodão ou viscose com formato convexo, moldados termicamente em formas que buscam assemelhar-se à anatomia dos seios, objetivando acomodá-los com conforto e realçando as formas.

[97] Aros metálicos – São insumos em metal flexível com forma de arco e acabamento abaulado nas pontas, com uma grande variedade de modelos em diferentes ângulos, tendo medidas específicas que realçam as formas das copas e os bojos conformados, visando a valorizar e sustentar os seios.

- Aberto = como o próprio nome destaca, trata-se de um aro levemente aberto para realçar os bojos conformados lisos ou bolhas, com formato meia taça ou *demi* (vide tópico 5.6.3);
- Semiaberto ou Universal = os aros universais se popularizaram na *lingerie* por sua forma intermediária entre o aro aberto e o aro fechado, sendo vulgarmente caracterizado como aro universal, o que incide sobre um debate recorrente dentro dos setores de confecção de moda íntima, visto que muitas empresas são estimuladas a utilizarem esse arco em todos os modelos de sutiãs, o que se torna um equívoco, uma vez que os seios não iguais no mesmo corpo, e cada sutiã traz formas e características específicas que necessitam de arcos adequados para garantir os realce dos seios, conforto e vestibilidade;
- Fechado = com ângulos fechados conforme a própria denominação, apropriados para os sutiãs sem alças, frequentemente, são necessários utilizar de dois a três tamanhos de arcos a mais para garantir as dimensões ideais para esses modelos, contudo, compromete a profundidade da copa e vestibilidade do sutiã em função do ângulo que foi ampliado pelo uso de tamanhos maiores;

Por outro lado, os fornecedores de arcos dispõem de uma infinidade de modelos que visam garantir a vestibilidade dos sutiãs, sendo necessário capacitação técnica e clareza das informações por parte dos profissionais de criação e modelagem, na busca de modelos com formas e dimensões adequadas aos modelos desenvolvidos, de modo a garantir a excelência nos desenvolvimentos de produtos em *lingerie*.

É de fundamental importância entendermos que o consumidor está cada vez mais exigente, assim, a partir do tópico 5.4.2 abordaremos a correlação das formas dos seios e atributos ideais para uma boa vestibilidade, do volume das mamas e a correspondência com as copas, em unidade de medidas específicas para seios e sutiãs. Contudo, a tabela de tamanhos, manequins e medidas específicas não bastam para a estruturação de produtos, são necessárias hierarquias e classificações para amparar o desenvolvimento de produtos de forma eficiente, fundamentos que veremos a partir do próximo capítulo.

~ Parte II ~

LINGERIE, PRA QUE TE QUERO?

4

HIERARQUIA DE PRODUTOS

No decorrer dessa prazerosa jornada profissional no apaixonante universo da *lingerie*, analisamos diversas marcas nacionais e internacionais de roupas íntimas por meio da observação participante[98] que, mediante o contato direto, frequente e prolongado, nos possibilitou compreender esse universo, e assim, criar categorias e conceitos que nos permitiram a hierarquização dos produtos em moda íntima.

Essa estruturação conceitual é fruto da nossa vasta experiência no universo da moda íntima, que acreditamos poder preencher uma lacuna existente nos processos que envolvem o desenvolvimento de produtos em *lingerie*.

Na elaboração dessa estruturação conceitual nos utilizamos da observação de várias marcas nacionais e internacionais onde destacamos as seguintes pela sua relevância comercial e de consumo, Agent Provocateur, Aubade, Calvin Klein, Intimissimi, La Perla, Lise Charmel, Osho (Grupo INDITEX), Simone Pérele, Victória's Secrets e TomboyX. Com atuação no mercado nacional brasileiro, foram observadas as marcas Darling, DeMillus, Del Rio, Dilady, 2Rios, Duloren, Fruit de la Passion, Hope, Liz, Loungerie, Lov (Renner), Loba (Lupo), Marcyn, Plié, Recco, Scala, Triumph e Valisère.

Entre as organizações com atuação regional, destacamos as empresas Belles, D'Chelles, Diamantes, D'Noite, Extasis Lingerie, Liebe, Linhas e Cores, Nayane, Starjane, Somosplus, Thais Ferreira e Vi Lingerie.

[98] Observação participante – Principal ferramenta de análise etnográfica. Geralmente, nela, o antropólogo social é o etnógrafo responsável pela pesquisa; os investigadores são levados a partilhar papéis e hábitos dos grupos observados, estando, assim, em condições favoráveis para observar fatos, situações e comportamentos que não ocorreriam, ou seriam alterados na presença de indivíduos estranhos aos grupos.

Sublinhamos ainda a Associação Toque de Vida e as marcas Ink'Lace *intimates* e Vovó Quem Fez por destacarem suas atividades com foco no método produtivo artesanal e no público-alvo.

Visando ainda corroborar as informações coletadas, realizamos a aferição da percepção das categorias e conceitos observados na intenção de garantir a maior imparcialidade e veracidade quanto possível na presente análise. Essas interlocuções foram viabilizadas pela vivência profissional associada ao diálogo continuado com inúmeras mulheres, por meio de entrevistas estruturadas e semiestruturadas, sempre com uma observação participante entre consumidores e profissionais do segmento de moda íntima, bem como de outros segmentos de moda, entre empresárias, representantes, vendedoras de lojas multimarcas e atendentes em lojas de departamentos, como também com pessoas que se transformaram em colaboradores anônimos, para que nessa investigação pudéssemos revelar a moda íntima também por meio do olhar do consumidor.

Essas audições revelaram que as mulheres em geral, ao falar das *lingeries* que escolhem e consomem, inicialmente mencionaram o uso frequente de roupas íntimas básicas. Contudo, ao descreverem sobre seus cotidianos, apontam o uso de outros conceitos para suas peças íntimas, indicando preferências por *lingeries* com atributos funcionais e requintes de embelezamento.

Nessa perspectiva, as análises realizadas mediante as marcas observadas, bem como as interlocuções com profissionais do segmento de moda íntima e consumidoras, apontaram inicialmente para conceitos nos quais classificamos como básico, funcional e ornamental, esses princípios conceituais se apresentam arraigados de contextos e características específicas, nos quais buscamos traduzi-las para o desenvolvimento das *lingeries*.

Tratam-se de nomenclaturas delineadas nas singularidades que envolvem a moda íntima, nos oportunizando uma estruturação conceitual, no qual propomos e representamos visualmente, passo-a-passo, por intermédio dos organogramas nos tópicos a seguir, apresentando princípios e ideias com classificações que objetivam expor as conexões entre conceitos, categorias, estilos e manufatura.

4.1 CLASSIFICAÇÃO POR CONCEITOS

Na acepção da palavra, conceito corresponde àquilo que é concebido no campo das ideias sobre algo ou alguém. É a maneira como são pensados determinados assuntos, elementos, objetivos ou pessoas. Tendo surgido a partir do termo em latim *conceptus*, que significa 'coisa concebida' ou 'formada na mente', o conceito pode ser expresso como uma ideia sobre algo.[99]

Baxter classifica as funções de um produto quanto a hierarquia: principal, básica e secundária; e finalidade: uso e estima.[100]

Tratando-se de usabilidade da *lingerie*, a "função principal explica a própria existência de cada produto, do ponto de vista do consumidor".[101] Por exemplo, a função principal de uma calcinha é "vestir e proteger a região pubiana".

Função básica é aquela que faz o produto funcionar, sem este, em alguns casos, não há sentido de existir, portanto, perde valor e identidade, no caso da calcinha, a própria anatomia do produto identifica sua finalidade.

"As funções secundárias são aquelas que suportam, ajudam, possibilitam ou melhoram a função básica".[102] Na hipótese da calcinha, elásticos promoverão maior aderência a pele, tecidos especiais propiciarão a compressão em regiões que exigem essa função, a modelagem possibilitará melhor ajuste e maior liberdade de movimentos etc.

Para Löbach, "a configuração do produto não é consequência somente das funções práticas que deve cumprir, mas deve-se cuidar das funções estéticas – especialmente em atenção aos usuários".[103] Löbach analisa ainda que o designer industrial ao projetar produtos determina a dinâmica das funções dos mesmos, encarregando-as de funções práticas, estéticas e simbólicas, conforme ilustrado no organograma a seguir.

---

99 HOUAISS, 2001.

100 BAXTER, Mike. **Projeto de produto:** guia prático para o design de novos produtos. 3. ed. São Paulo: Editora Blucher, 2011.

101 BAXTER, 2011, p. 246.

102 *Ibid.*

103 LÖBACH, Bernard. **Design industrial**: bases para as configurações dos produtos industriais. Tradução: Freddy Van Camp. São Paulo: Bluncher, 2001. p. 54-55.

Organograma 1 – Classificação das funções de um produto (J. Gros)

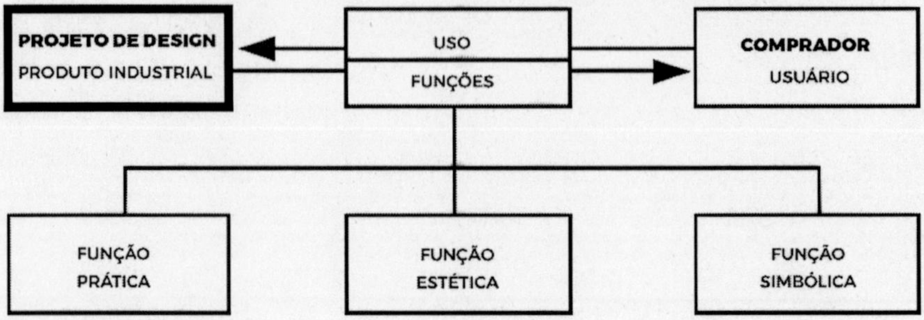

Fonte: LÖBACH, 2001

Os conceitos sobre funcionalidade dos produtos de Löbach, assemelham-se com as teorias de Baxter, hierarquizadas pelas funções principal, básico, secundário, uso e estima; ambos nos possibilitam uma compreensão de estruturação de produto.

Tabela 7 – Tabela comparativa de funções Löbach *vs.* Baxter

LÖBACH	**PRÁTICA**		**ESTÉTICA**	**PRÁTICO FUNCIONAL**	**SIMBÓLICA**
BAXTER	**PRINCIPAL**	**BÁSICA**	**SECUNDÁRIA**	**USO**	**ESTIMA**

Fonte: elaborado pela autora com base nos conceitos de função de Löbach (2001) e Baxter (2011)

Pazmino configura a estruturação de produtos em análises[104], em que prioriza as relações com o consumidor/usuário considerando o levantamento de necessidades do mercado, em que denomina análise de relações; examina as interfaces do produto em detalhes, a análise de tarefas visa evitar problemas ergonômicos; a análise funcional, além de conhecer o funcionamento do produto, objetiva observar se as funções básica e principal estão sendo realizadas; e por fim, a análise estrutural, que serve para reconhecer e compreender os números de componentes, princípios de montagem e subsistemas, a análise funcional reconhece os elementos constitutivos para o cumprimento das funções.

[104] PAZMINO, Ana Verônica. **Como se cria**: 40 métodos para designer de produtos. São Paulo: Bluncher, 2015.

O sistema de análises de Pazmino, embora muito eficiente, coopera para aferir os produtos finalizados, como uma espécie de validação, permitindo ajustes para garantir a excelência do produto; já os conceitos de Löbach e Baxter são objetivos e focados para o desenvolvimento dos produtos, relacionando-se diretamente com o projeto em curso, ambos os conceitos se somam favorecendo a construção do produto classificados por funcionalidade.

Comparativamente, as teorias de função de produtos de Löbach e Baxter se assemelham, distinguindo-se apenas nas nomeações, estas contribuem para a estruturação que classifica as funções das *lingeries*, por meio de configurações em que as próprias *lingeries* estão sujeitas, tais como matérias-primas, forma, uso e estética, em que organizamos e exemplificamos para um melhor entendimento na tabela a seguir:

Tabela 8 – Classificação das funções adaptado para a calcinha

CLASSIFICAÇÃO DAS FUNÇÕES						
COMPONENTE	**FUNÇÃO**	**PRINCIPAL**	**BÁSICA**	**SECUNDÁRIA**	**USO**	**ESTIMA**
Forma	Vestir	■			■	
Modelagem	Ajustar		■		■	
Elásticos	Firmar		■		■	
Tecido	Comprimir			■		■
Design	Embelezar			■		■

Fonte: elaborado pela autora com base nas classificações de funções de Baxter (2011)

Importante frisar que ao exemplificarmos sobre a calcinha na classificação das funções, trata-se apenas de um dos diversos tipos de produtos que compõem o segmento *lingerie.* Nesse sentido, a tabela de classificação por funções converte-se em importante ferramenta de classificação para o projeto de desenvolvimento, seja na construção, bem como na análise, onde todos os produtos que envolvem o *mix* de *lingeries* podem ser estruturados por meio desta.

Além da classificação por função, que se relaciona com diferentes produtos, as *lingeries* também estão sujeitas as classificações por conceitos, estas correspondem a uma macro formulação de ideias que fundamentam e envolvem o desenvolvimento de lingeries, estabelecidas por meio de recursos estéticos, conforme representado no Organograma 2 e que elencamos em três categorias fundamentais:

- Básico;
- Funcional;
- Ornamental.

Organograma 2 – Estruturação conceitual para desenvolvimento de *lingeries*

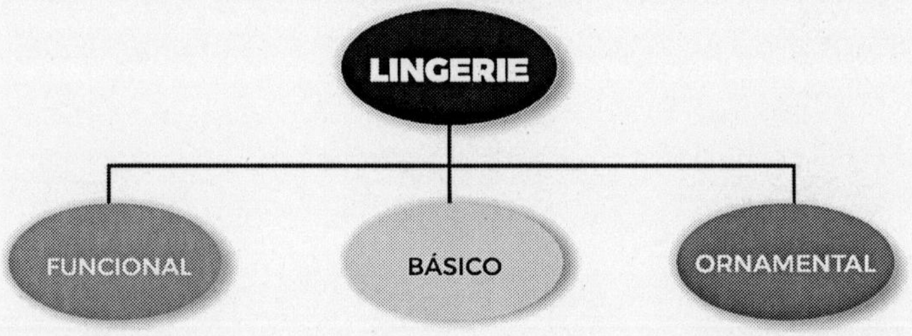

Fonte: elaborado pela autora

Importante ressaltar que a elaboração de uma *lingerie* pode dialogar com até duas destas categorias conceituais, em decorrência da hierarquia e da finalidade, mas em nenhuma hipótese se adequará a três categorias em simultâneo. Trata-se da própria concepção de estilo associada a semântica do produto.

Nessa perspectiva, se uma *lingerie* é concebida para atuar na categoria básica (uso), com as características de um estilo simples (estima), ou idealizada na categoria básica (uso), com alusão a um estilo funcional (estima), hierarquias e finalidades podem dialogar entre si, visto que são regidos por normas complementares de concepção de estilo.

Hierarquias, finalidades e concepção de estilo somadas resultam no aspecto semântico do produto, em que unidas poderão promover maior rigor estético ou robustez ao produto (ver Capítulo 2). Nessa perspectiva, Baxter argumenta que:

> Cada categoria de produto deve ter uma aparência visual adequada a sua função. Assim, produtos feitos para moverem-se rapidamente devem ter um aspecto liso e aerodinâmico. Os produtos duráveis e para trabalho pesado deve ter aspecto robusto e forte. Os produtos engraçados devem ser leves e alegres, enquanto produtos usados para trabalhos sérios devem parecer sóbrios e eficientes. Essa é a essência da semântica do produto.[105]

Em vista dessa afirmativa, em *lingerie*, as categorias básico e ornamental não convergem, em face de abordagens semânticas diferentes na formação do produto.

A categoria funcional também está sujeita as mesmas regras, seja as concepções de estilo complementares, que podem ser atribuídas ao básico (uso), ou ornamental (estima), no entanto, improvavelmente, as duas finalidades estarão cooperando no mesmo produto. Esta complementaridade entre categorias e conceitos de estilo se referem a estruturação ou finalidade do produto, onde básico e funcional se destacam e se correlacionam nas hierarquias principais e básicas. Importante compreendermos que a categoria ornamental se trata de uma classificação de estima, portanto, secundária, e tratando-se de uma concepção de estilo, uma semântica distinta e específica. Se for ornamental, jamais será básica e vice-versa. Ou pertence a um, ou pertence ao outro.

Seria uma contradição conceitual que uma *lingerie* dialogasse com três categorias em simultâneo, visto que não haveria uma definição clara e objetiva para o produto que exige clareza na estética e na usabilidade, o que a tornaria, portanto, descontextualizada na concepção.

Cada conceito traz especificidades que as caracterizam conforme descrito nas subdivisões apresentadas a seguir.

4.1.1 Conceito básico

Trata-se do conceito de *lingerie* onde a utilidade se destina apenas para cobrir partes do corpo, visando proteção, seja higiene e pudor, e se destaca pelo uso frequente. O conceito básico é composto por características que podem variar de formas simples até estruturas complexas, contudo, sua concepção estética invariavelmente preservará o conceito de básico.

---

[105] BAXTER, 2011, p. 249.

As linhas de *lingeries* concebidas recorrendo ao conceito básico podem ser compostas por um amplo leque de produtos, isso porque o conceito não limita a quantidade de formas, o conceito delimita a estética, em específico, em que traz para as *lingeries* uma estética *clean* e minimalista, no entanto, não descarta a possibilidade de estruturas elaboradas, desde que mantenha estes recursos estéticos essenciais.

Nessa perspectiva, o conceito de *lingerie* básica se organiza em duas subdivisões: *lingerie* básica simples e *lingerie* básica complexa.

Lingerie básica simples

Constituída de produtos com manufatura simplificada, essa ramificação do conceito básico de *lingerie* traz um aspecto peculiar, a leveza, seja na sustentação, na compressão ou nos dois. A leveza é o que caracteriza a *lingerie* básica simples, por mais minimalista e *clean* que a formulação estética tenha sido concebida, se a manufatura for composta por estruturas complexas, esta já não pertencerá à *lingerie* básica simples.

As linhas de *lingeries* básicas simples podem conter amplo *mix* de formas e cores, partindo da forma de calcinha mais usual como o biquíni até os *bodies*, contudo, os insumos e manufatura devem dialogar com suas principais características, leveza e simplicidade.

A roupa íntima de conceito básico simples não tem a pretensão de vestir todos os corpos, porém, trata-se de um conceito amplamente difundido, apreciado e aceito por mulheres com biotipos muito variados. No entanto, as características que conceituam essa categoria de *lingerie*, dispensam estruturas com maior rigor quanto a sustentação e compressão.

Lingerie básica complexa ou elaborada

Essa ramificação já denuncia sua característica principal, a complexidade na manufatura, nesta configuração a eficácia na escolha dos insumos e elaboração são essenciais para fundamentar essa subdivisão. Trata-se de *lingeries* que exigem mais sustentação e maior compressão, portanto, maior grau de complexidade.

As formas são aparentemente simples, todavia, por detrás de toda aparência minimalista, se camuflam sofisticadas estruturas de modo a solucionar necessidades funcionais. Por questões operacionais e mercadológicas, muitas vezes essa especificidade de produto não traz ampla gama de cores, contudo, ganha mais possibilidade nas formas pelo objetivo de atender a outras exigências estéticas e níveis de sustentação, bem como, compressão.

Essa classificação de produto pode ser leve, mas nem sempre todos os insumos corresponderão a essa premissa, visto que, a estética *clean* e minimalista que caracteriza o conceito básico abre espaço para complexidades na manufatura de modo a realçar e valorizar o corpo de quem a veste.

Em suma, as *lingeries* de conceito básico, sejam estas simples ou complexas, cumprem o papel de uma segunda pele, a primeira confere leveza, a segunda confere "vestibilidade" e adequação para o uso diário, contudo, ambas devem sempre garantir as melhores sensações de conforto e bem-estar. Nessa perspectiva, a indústria de confecções e *designers* podem e devem recorrer aos avanços têxteis e tecnológicos, a fim de garantir as premissas essenciais desse conceito de produtos.

4.1.2 Conceito funcional

Relaciona-se com a roupa íntima desenvolvida para cumprir funções específicas, tais como: comprimir a barriga, elevar os seios, promover o aumento ou redução do volume dos seios, empinar os glúteos, reduzir culotes, entre outros.

A perspectiva das funções surge da necessidade de solucionar demandas relacionadas a "vestibilidade" das *lingeries* em concomitância aos diferentes biotipos femininos, trata-se de um conceito que visa adequação e modelagem do corpo, ou partes do corpo, para fins corretivos. A atribuição do conceito funcional para *lingeries* pode ser direcionada para duas categorias de uso: frequente ou temporário (vide tópico 4.2.1).

4.1.3 Conceito ornamental

Esse conceito concede a *lingerie* características que promovem o embelezamento ou adornamento conforme a sua atribuição. *Lingeries* com conceito ornamental podem ser de uso frequente, vez que são peças constituídas de insumos (rendas, bordados, adornos e etc.) que promovem o realce da beleza do corpo por meio da estética da *lingerie* (vide tópico 4.3.5).

As *lingeries* de conceito ornamental para o uso temporário têm um caráter insinuativo, pois objetivam adornar e exibir partes do corpo. Assim, em síntese, o conceito ornamental de uso frequente, objetiva vestir partes do corpo embelezando-as e o conceito ornamental para o uso temporário visa vestir evidenciando partes do corpo e exibindo-os (vide tópico 4.3.6). Tratam-se de objetivos diferentes, frequente ou temporário, mas com o mesmo conceito, ornamentar ou enfeitar.

4.2 CLASSIFICAÇÃO POR CATEGORIAS

A classificação por categorias relaciona-se a semântica do produto, pois dialoga com a aparência visual e a função atribuída a mesma.

No mapa conceitual em que se organiza a hierarquia de produtos, as categorias apresentam-se logo após os conceitos atribuídos a *lingerie*, conforme estruturação ilustrada no Organograma 2.

Organograma 3 – Estruturação conceitual para desenvolvimento de *lingeries*

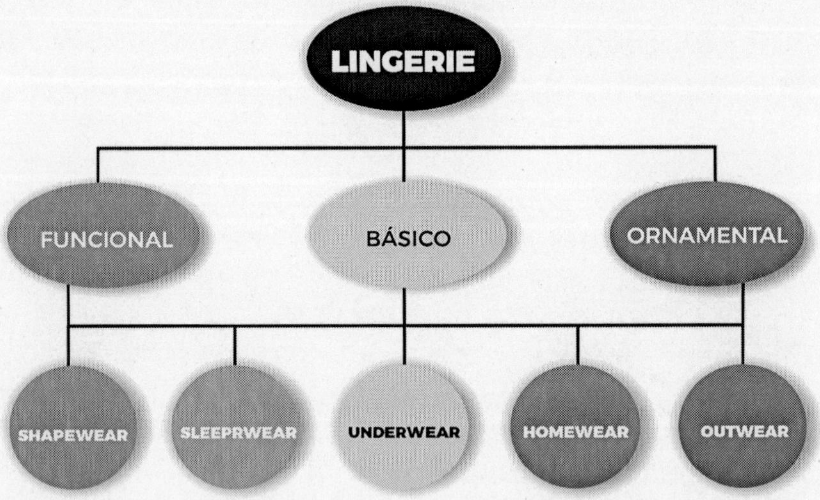

Fonte: elaborado pela autora

4.2.1 *Shapewear*

Refere-se a categorias de roupas íntimas que objetivam moldar, ou modelar a silhueta feminina. *Dictionary Cambridge*, esclarece que *shapewer*[106] se trata de uma categoria de roupas íntimas que se ajusta bem e é projetada para modelar, com a função de fazer o corpo parecer mais fino, alisando e segurando as áreas que estão fora de forma.

São peças modeladoras que contribuem para moldar e realçar o corpo. Segundo dados de pesquisa IEMI, esses itens obtiveram 11,6% do setor de lingerie que conforme expôs o diretor Marcelo Prado: "As marcas agregam diferenciais ao produto com inovação e diversificação".[107]

Uma categoria estruturada em níveis com especificidades que promovem maior elasticidade e resiliência, tornando o ajuste das peças mais adaptável ao corpo, conforme a seguir:

Leve compressão

O nível da leve compressão relaciona-se a uma menor tensão do produto em relação ao corpo, em que realça por intermédio de sutil pressão a fim de vestir e valorizar as formas do corpo.

Média compressão

A média compressão está correlacionada com produtos que apresentam uma maior força em constrição ao corpo, em que objetiva reduzir volumes e realçar partes da silhueta feminina.

Máxima compressão

A máxima compressão, como o próprio nível esclarece, visa apertar e controlar, minimizando temporariamente medidas do corpo durante o uso, dividido em duas subcategorias de produtos:

---

[106] CAMBRIDGE. Cambridge Dictionary. [Recurso eletrônico]. Disponível em **https://dictionary.cambridge.org/dictionary/english/culture**. Acesso em: 10 jun. 2021.

[107] SINDIVESTE. Produtos com soluções inovadoras ajudam setor da lingerie. Distrito Federal: 31 ago. 2015. **Sindiveste**: sindicatodaindustria.com.br. Disponível em: http://www.sindicatodaindustria.com.br/noticias/2015/08/72,70696/produtos-com-solucoes-inovadoras-ajudam-setor-de-lingerie.html. Acesso em: 10 jun. 2021.

a) *Shapewear* de máxima compressão para o uso frequente ou diário;

b) *Shapewear* de máxima compressão para o uso temporário (pós-cirúrgico). Peças modeladoras para o pós-cirúrgico, trazem formas e tempo de uso específicos, destinados à recuperação do procedimento. É necessário compreender que a escolha dos níveis de compressão está diretamente relacionada aos objetivos, gostos e costumes de cada consumidora.

4.2.2 *Homewear*

Como o próprio nome diz em uma tradução literal do inglês, *homewear* é "roupa de usar em casa", não se trata de uma categoria de produtos recém-criada, nas regiões brasileiras de temperaturas mais baixas o *homewear* é um produto muito utilizado.

Uma categoria que se converteu em uma tendência pensada em conforto e estilo, podendo até ser um vestuário para usar fora do ambiente doméstico, seja por opção, comodidade, referência de estilo ou por um imprevisto daqueles que acontecem frequentemente. Receber pessoas em casa inesperadamente, necessitar descer até a portaria do prédio, buscar um pão ali na padaria... são situações que cercam o dia a dia dos consumidores adeptos do *homewear*.

Tendência de consumo que ganhou força em todas as regiões brasileiras e cada vez mais adeptos, em decorrência do *home-office*, durante a pandemia do (Covid-19)[108].

Para o *home-office*, o *homewear* se converteu em uma opção funcional durante os longos períodos de quarentena, como um estilo mais confortável, prático e elegante, seja para o trabalho em casa, reuniões e videoconferências.

Diferente das demais categorias, as peças que a compõem são inspiradas no vestuário mais clássico, com isso, os acessórios determinam se o uso será para dentro ou fora de casa, como detalhado abaixo:

---

[108] Covid-19 é uma doença infecciosa causada pelo coronavírus SARS-CoV-2. Uma epidemia que começou na cidade de Wuhan, na China, em dezembro de 2019, mas rapidamente se espalhou para o mundo, se convertendo em pandemia. Para mais informações, *cf.* https://butantan.gov.br/covid/butantan-tira-duvida/tira-duvida-noticias/como-surgiu-o-novo-coronavirus-conheca-as-teorias-mais-aceitas-sobre-sua-origem#:~:text=A%20epidemia%20come%C3%A7ou%20na%20cidade,em%20um%20laborat%C3%B3rio%20na%20China. Acesso em: 10 out. 2021.

Camisas estilo camisão

Com alguns acessórios, a mágica acontece. Basta marcar a cintura com uma faixa ou cinto. Para casa, as pantufas entram em ação. Com uma sapatilha, sandália ou tênis, a peça ganha ares de *outwear* (vide tópico 4.2.5) podendo levar a consumidora aonde quiser.

Moletons

Confortável e quente para os dias frios, o moletom tem ganhado popularidade na moda, com muitas opções de *looks* e cores para dentro e fora de casa.

Leggins

As *leggins* tem ganhado cada vez mais espaço no guarda-roupa feminino, servindo para academia, esportes, opções de *style* e também para ficar em casa e garantir o conforto no dia a dia das consumidoras.

Pijamas

Cada vez mais elaborados e desenvolvidos para além de dormir, os pijamas atuais trazem modelos modernos, inspirados em calças saruel, macacão, batas com modelagens amplas no melhor estilo *oversized*[109], o que indica o conforto como premissa.

Calças *jogging*

Além de ser usada em casa, a consumidora pode usá-la tranquilamente na rua já que é uma referência de estilo podendo ser usada com tênis, sapatilhas, *oxford* e o que mais a criatividade e estilo do consumidor permitir.

[109] *Oversized* – Traduzido do inglês, significa "grande demais".

4.2.3 *Underwear*

A definição original de *underwear* no dicionário inglês, *undergarments* ou *underclothes* significa "roupas de baixo". No que se refere ao conforto térmico, peças produzidas em microfibra (vide tópico 6.2.2), podem conferir a troca térmica[110].

Diferentes de outras categorias de roupas íntimas o *underwear* geralmente é usado por mulheres e homens; para mulheres são as calcinhas, sutiãs, *bodies*, camisetas e certos tipos de *shorts*; para homens incluem as *slips, boxers e t-shirts*. Os itens comumente usados por ambos os sexos incluem *boy-shorts* e camisas sem mangas. Trata-se de uma categoria com formas simples, contudo, com relativo apelo tecnológico relacionado a insumos, *design* e a modelagem que a compõe. A marca Calvin Klein é um exemplo bem sucedido desse produto.

4.2.4 *Sleepwear*

O termo *sleepwear* do inglês significa 'roupas para dormir'. Em geral, as peças da categoria *sleepwear* são confeccionadas em tecidos leves, suaves e bastante confortáveis. Os materiais verdadeiramente seguem quase todas as características tradicionais da moda íntima, com destaque para tecidos como malha PV, cetim com e sem elastano, viscose, tule, liganete entre outros materiais com apelo tecnológico e em sintonia com as tendências de moda.

Uma categoria de produtos tradicionais no segmento da *lingerie*, contudo, vem ganhando cada vez mais espaço nas passarelas de moda, composta por diferentes formas e detalhes como camisolas, *baby-dolls*, *short-dolls*, robes, pijamas, entre outras. A marca Dolce & Gabbana é um exemplo bem sucedido em utilizar camisolas como estratégia de *style* em seus desfiles, mesclando essas roupas íntimas com blazers, casacos entre outras peças.

---

[110] Troca térmica – Trata-se de uma reversão de temperatura, ou seja, em climas frios as peças em microfibras tendem a aquecer, em climas quentes tendem a resfriar. *Cf.* PEZZOLO, Dinah Bueno. **Tecidos**: história, tramas, tipos e usos. 5 ed. São Paulo: Editora Senac, 2007, p. 137.

4.2.5 *Outwear*

Em uma tradução literal do inglês, *outwear* significa "roupa de fora", uma derivação do *underwear* que objetiva tirar a *lingerie* do anonimato e ganhar *status* de acessório, complementando *looks* e dando mais personalidade ao visual.

Embora o *outwear* seja frequentemente associado à sensualidade, as peças são ressignificadas em *looks* despojados, sofisticados, esportivos e até mesmo em produções formais. Uma categoria composta por peças como *bodies*, *croppeds, strapps,* vestidos, blusas, saias e jaquetas *bombers*.

4.3 OS VALORES SIMBÓLICOS E A CLASSIFICAÇÃO POR ESTILO

Produtos são pensados e desenvolvidos pautados em valores funcionais, no entanto, a decisão de consumo não está pautada exclusivamente na funcionalidade.

Löbach nos clarifica ao afirmar que:

> Um objeto tem função simbólica quando a espiritualidade do homem é estimulada pela percepção deste objeto, ao estabelecer ligações com suas experiências e sensações anteriores. A partir daí poderemos definir: A função simbólica dos produtos é determinada por todos os aspectos espirituais, psíquicos e sociais do uso.[111]

Em *lingerie* os valores simbólicos de uma peça são decisivos no ato da compra, o julgamento daquilo que pode ser de melhor qualidade, mais durável, mais elegante ou mais atual, conforme as tendências de moda vigentes contribuem para atingir as expectativas do consumidor. No que se refere a produtos, Baxter acrescenta e elucida o simbolismo para o consumidor ao afirmar que:

> Todos nós temos uma autoimagem, baseada nos valores pessoais e sociais que possuímos. Faz parte da natureza humana, procuramos nos cercar de objetos que reflitam a nossa autoimagem. A casa em que vivemos, o carro que possuímos, os lugares que frequentamos e até o nosso cachorro — todos eles fazem parte de um mosaico que

[111] LÖBACH, 2001, p. 64.

> juntos constituem a nossa autoimagem que projetamos aos outros. Não há dúvidas de que compramos a maioria dos produtos baseados em seus valores funcionais, e não devido apenas aos seus valores simbólicos. Quando existem dois produtos que se equivalem nos valores funcionais, a decisão de compra pode recair nos valores funcionais. O julgamento sobre aquilo que parece melhor é determinado, em grande parte, de como o produto consegue preencher as expectativas do consumidor.[112]

No que tange aos valores simbólicos dos produtos, para McCracken[113], a significação dos bens de consumo excede fatores como valor comercial e os aspectos funcionais, ocorrendo conforme a competência que um produto tem em transmitir relevância cultural. O vestuário se mostra como um recurso no qual anseios, categorias e princípios culturais são codificados e manifestados.

Segundo Miranda *et al.*[114], no que diz respeito às mulheres, por exemplo, a *lingerie* pode ser muito mais do que uma simples peça de vestuário, caracterizando-se como um sinalizador que compreende um conjunto de percepções e sentimentos, tais como sensualidade, autoconfiança, desejo, vaidade ou simplesmente luxúria.

Em moda íntima, determinados significados são funcionalmente arquitetados, especialmente porque em hierarquias de produtos, ao tratarmos classificação por conceitos e categorias, a classificação por estilo também necessita ser considerada, isso porque o vestuário tem a capacidade de expressar os anseios individuais por intermédio de seus artigos. Nesse sentido, no que se refere aos significados simbólicos, estes são construídos de modo a contribuir para a identificação do consumidor em relação ao produto, o que consequentemente poderá determinar suas escolhas, conforme os valores simbólicos e as subjetividades culturais de cada indivíduo.

O objetivo das hierarquias de produtos por meio das classificações de conceito, categorias e estilo é dar sentido semântico do produto, consecutivamente a identificação imediata para as relações de consumo

112 BAXTER, 2011, p. 251-252.

113 MCCRACKEN, Grant. Cultura e consumo: uma explicação teórica da estrutura e do movimento do significado cultural dos bens de consumo. **Revista de Administração de Empresas**, São Paulo, v. 47, n. 1, p. 99-115, jan./mar. 2007.

114 MIRANDA, Ana P. C.; GARCIA, Carol; LEÃO, André L. M. S. Moda e envolvimento: cada cabide uma sentença. In: ENANPAD – **ENCONTRO DA ANPAD**, 2001, Campinas. São Paulo, 2001.

de *lingeries*, sendo um meio não verbal para que consumidoras se identifiquem mediante suas características estéticas e atributos culturais, tendo elementos constituídos de significados que objetivam estabelecer e consolidar essas relações de consumo. Castilho e Martins nos elucidam sobre a valoração subjetiva das roupas ao afirmar:

> No caso da moda, seus textos/objetos-roupas passam pelo crivo de leituras que extrapolam a sua funcionalidade e adentram as questões de sua valoração subjetiva, quer pela eleição de grupos que atribuem a roupa determinados valores agregados, que pela identificação do sujeito usuário de um objeto que lhe aporta determinados traços de identidade.[115]

Desse modo, o comportamento de consumo em *lingeries* no que se refere aos valores simbólicos podem ser compreendidos mediante características compostas que geram identificação por meio de crenças, atitudes e valores socialmente produzidos, representados por conceitos, categorias e as classificações de estilo em cada produto, inter-relacionando-se com a identidade, momento e até desejo em que o indivíduo que o consome se encontra.

Faz-se necessário esclarecer as estruturas que compõe a hierarquia no que se refere ao desenvolvimento de *lingeries*, sobremaneira, pela utilidade de elucidar os aspectos funcionais que avançam em direção a concepções simbólicas. Nesse sentido, o mapa conceitual que elucida as estruturas que compõe o desenvolvimento de *lingeries* deve transcender aspectos funcionais avançando também para as concepções simbólicas, conforme ilustrado no organograma a seguir, com suas respectivas classificações:

[115] CASTILHO; MARTINS, 2008, p. 52.

Organograma 4 – Estruturação conceitual para desenvolvimento de *lingeries*

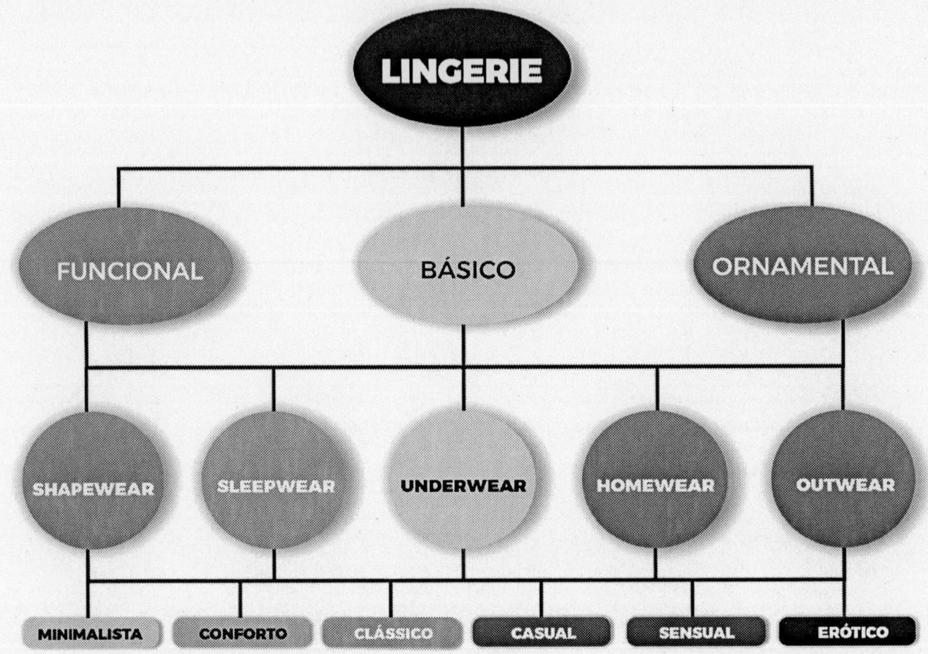

Fonte: elaborado pela autora

A partir do tópico 4.2 podemos observar que as *lingeries* conceitualmente objetivam atender as utilidades básicas, funcionais e ornamentais, no entanto, na indispensabilidade de criar vínculos identitários por meio de valores simbólicos com o consumidor, a *lingerie* avança para outras divisões, conforme elencamos a seguir.

4.3.1 Minimalista

Uma *lingerie* minimalista, não necessariamente está atrelada somente a estruturas leves, e sim a uma estética *clean* e livre de recursos que ornamentam a peça íntima. Essa classificação de estilo também se relaciona com as formas e características de insumos utilizados em seu desenvolvimento.

Peças modeladas com poucos recortes, somente costuras fundamentais, além de tecidos com apelos tecnológicos, aviamentos delicados e complementos em total harmonia com a estética minimalista.

4.3.2 Conforto

O estilo conforto é essencialmente leve. Conceitualmente pode ser básica ou ornamental, no entanto, o *design* associado a escolha de insumos deve respeitar fibras naturais ou tecnológicas com respostas para as demandas do corpo, bem como do meio ambiente, alta respirabilidade e modelagens pensadas em prol do conforto e bem-estar são atributos essenciais, onde a manufatura deve ser compatível com a proposta do produto.

Nessa categoria bojos conformados são leves, as copas podem ser termicamente moldadas ou ter recursos de modelagem que valorizem o conforto. Os tecidos podem ser constituídos por fibras mistas, composto em maior percentual por fibras naturais, quando em uso de fibras sintéticas, estas são arraigadas de apelos tecnológicos com benefícios para o corpo e meio ambiente (como é o caso dos tecidos biodegradáveis).

Todos os recursos que compõem essa categoria deve remeter ao conforto, a leveza e naturalidade, de modo a promover a satisfação desse valor, visto que o conceito de conforto está além das estruturas estéticas, trata-se de *lingeries* que dialogam com um estilo de vida.

A comunicação dos benefícios desse estilo é imprescindível, visto que, a percepção de conforto é subjetiva de consumidor para consumidor, e alguns benefícios podem não ser percebidos, portanto, devem ser comunicados com clareza e objetividade.

4.3.3 Casual

Como a própria denominação esclarece, o estilo casual refere-se a estética, traz estruturas elaboradas e formas contemporâneas. Tecidos inovadores, tendências de moda, cores e até referências esportivas contribuem para a composição das *lingeries* casuais.

Esse estilo está sempre presente entre as *lingeries* muito comercializadas, no entanto, sempre com uma nova roupagem, com atributos de vanguarda, e por vezes, arraigadas de recursos tecnológicos.

A partir do início do século XXI, essas *lingeries* vêm ganhando cada vez mais espaço, com novas cores, novas formas e acompanhando tendências de moda. Não será surpresa encontramos em lojas especializadas linhas de *lingeries* para gestantes, desenvolvidas com uma estética mais ousada e casual.

4.3.4 Clássica

Trata-se de um estilo que obedece aos rigores estéticos das *lingeries* mais tradicionais, formas e estruturas clássicas consolidadas no segmento da *lingerie* durante o século XX. A miscelânea de insumos em harmonia com modelagem tradicional é uma característica estética que estabelece identificação entre consumidor e o produto.

Tecidos atemporais, rendas e tules leves associados as formas clássicas concedem a esse produto elegância e feminilidade sem abdicar da funcionalidade.

Importante ressaltar que todas as categorias de *lingerie*, seja do *underwear* ao *shapewear* podem contemplar esse estilo, um produto que ganha cada vez mais força no mercado de *lingeries*.

4.3.5 Sensual

Singularmente diferente do impudico, as *lingeries* sensuais objetivam identificação direta com as consumidoras que assumem um estilo sensual e ousado.

Muito semelhante às linhas clássicas, a linha sensual se diferencia pelas formas mais ousadas, pelas seleções das cores e estética apresentada. As linhas sensuais não se tratam de produtos para seduzir o outro, o que também não opõe que ocorra, no entanto, antes de seduzir o parceiro(a), essa linha inicialmente seduz quem a veste, visto que está diretamente ligada a autoestima e a percepção de si mesma.

4.3.6 Erótica

O fetiche reina nessa linha de produtos, nessa classificação o objetivo é expor, seduzir o outro a todo custo. Frequentemente essa linha é confundida com acessórios, no entanto, as *lingeries* com estilo erótico trata-se de um vestuário que cumpre o seu papel, nesse sentido, sua função é exibir partes das regiões mais íntimas através de uma modelagem funcional associada a uma estética erotizada.

Matérias-primas não convencionais associadas a insumos tradicionais, estética ousada, modelagem específica e manufatura apurada, compõem suas principais características.

4.4 DESENVOLVIMENTO PRODUTIVO: TIPOS DE MANUFATURA

Um aspecto fundamental na moda, e na *lingerie* não é diferente, são as questões que envolvem o desenvolvimento produtivo, com os tipos de manufatura indicada para os produtos, um aspecto importante representado e estruturado no mapa conceitual, um fator determinante para as confecções, e relevante para o consumidor em geral por transmitir valores simbólicos, mesmo que ainda pouco difundidos pelas marcas, atrelado a responsabilidade que cada marca terá em identificar o processo manufatureiro, trata-se do papel social na comunidade que o cerca, desde como seleciona suas matérias-primas para aquisição e criação, o modo como trata seus colaboradores até o descarte dos resíduos.

Movimentos como o do grupo *Fashion Revolution*[116] com campanhas denominadas "Quem faz as minhas roupas?" vem ganhando mais eco em algumas mídias e redes sociais, especialmente, em favor das informações difundidas para a qualificação de um consumo mais consciente e responsável.

Um aspecto com relativa importância no processo criativo das *lingeries* e para a sociedade em que vivemos, que cuidadosamente trabalhadas com as estratégias de *marketing* adequadas e difundidas pela publicidade, se convertem em um importante diferencial comercial, visto que envolve a responsabilidade social da marca, e consecutivamente o estilo de vida de quem consome, nesse sentido, Baxter reforça que "os produtos devem ser projetados para transmitir certos sentimentos e emoções".[117]

Com essa perspectiva, foi possível observar por meio das marcas pesquisadas distintos tipos de manufatura, nos quais listamos três categorias, conforme abaixo:

- Artesanal;
- Industrial tradicional;
- Industrial tecnológico.

---

[116] Para mais informações, *cf.* FASHION REVOLUTION BRASIL. Perfil em rede social. **Instagram**: @ fash_rev_brasil. Disponível em: https://www.instagram.com/fash_rev_brasil/. Acesso em: 30 dez. 2021.

[117] BAXTER, 2011, p. 253.

Organograma 5 – Mapa conceitual para desenvolvimento de *lingeries*

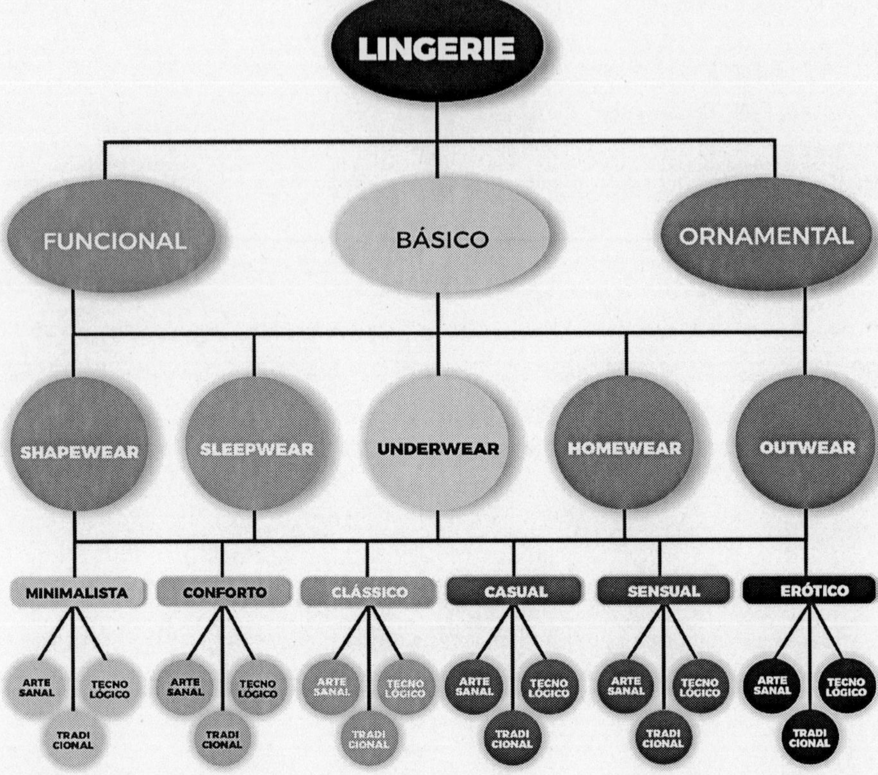

Fonte: elaborada pela autora

Os recursos manufatureiros são eleitos de acordo com o porte industrial e as demandas de cada marca, estes se bem comunicados podem estabelecer elos sólidos entre a organização produtora de vestuário, a comunidade e o consumidor.

Sob alguns aspectos, muitas vezes a costura é vista como um trabalho de baixa qualificação, contudo, a atividade de criar e desenvolver com qualidade formas tridimensionais a partir do não-alongamento até os alongamentos unidimensionais e bidimensionais dos tecidos utilizados no segmento de moda íntima. Aspectos que geralmente exigem a utilização de vastos conhecimentos sobre o desenvolvimento de produtos, desde as especificidades das matérias-primas, dos tipos de modelagem, bem como a seleção de maquinários adequados e necessários para a produção das roupas íntimas.

4.4.1 Artesanal

A utilização da costura (linha e agulha) é quase universal entre as populações humanas, sendo anterior a tecelagem do pano e remonta ao Paleolítico (30.000 a.C.). A costura artesanal trata-se de uma manufatura simplificada que objetiva unir duas ou mais partes de tecidos, de modo a obter a planificação para a concepção de uma peça. "Até a metade do século XIX, os objetos de uso eram fabricados principalmente à mão".[118]

Na moda íntima, diversos materiais podem ser utilizados, desde as tradicionais microfibras e rendas, as alças de larguras variadas e a aplicação de diferentes materiais como sintéticos, bijuterias entre outros acessórios.

O trabalho manual no desenvolvimento artesanal é intenso, utilizando ferramentas como tesouras e agulhas, não dispensando as máquinas de costura que podem ser domésticas, semi-industriais e até industriais.

Com uma produção artesanal fazendo uso de recursos manuais, domésticos e semi-industriais, a Associação Toque de Vida desenvolve sutiãs para mulheres mastectomizadas, visando o apoio e a recolocação profissional de algumas mulheres acometidas pelo câncer de mama, assim como disponibiliza peças para mulheres que não puderam fazer a reconstrução parcial ou total da mama por meio da oncoplastia, disponibiliza também peças leves para mulheres que após a reconstrução mamária procuram por *lingeries* mais suaves e delicadas, objetivando mais conforto em face do corpo mais sensibilizado.

Entre rendas, alças e telas, a marca de *lingerie* Ink'Lace *intimates* produz roupas íntimas sensuais e eróticas sob a premissa do *handmade*[119] e do *slow fashion*[120], além da manufatura artesanal as peças íntimas são confeccionadas sob medida, com pedidos sob encomenda e com entrega programada, tudo comercializado via e-commerce.

---

[118] LÖBACH, 2001, p. 36.

[119] *Handmade* – Traduzido do inglês, significa "feito à mão", utilizando-se de matéria-prima natural ou sintética, ou produzido por um artesão.

[120] *Slow fashion* – Traduzido do inglês, significa "moda lenta". É um conceito que descreve o oposto da moda rápida e faz parte do "movimento lento", que defende a fabricação em relação a pessoas, meio ambiente e animais. Na contramão da *fast fashion*, indústria responsável pela produção em massa de roupas, sapatos e acessórios com pouca durabilidade, apresenta um modelo de produção que valoriza todo o processo, assim como todas as pessoas (e as condições) envolvidas nesse trabalho.

Figura 9 – *Lingeries* artesanais

Fonte: INK'LACE INTIMATES

As principais diferenças no desenvolvimento de *lingeries* artesanal e industrial são os métodos e o ritmo de produção, apesar do desenvolvimento artesanal exigir um fluxo operacional, a produção industrial além do fluxo operacional ajustado tem maior compromisso com a produtividade, exige maquinário com maiores recursos tecnológicos que visam garantir maior regularidade e qualidade nas operações de costura.

A marca Vovó Quem Fez inicia suas atividades com a premissa do *handmade*, com peças íntimas produzidas pela vovó, associada a retórica do produzido à mão, a marca utiliza o discurso do empoderamento feminino por intermédio do vestir, com *lingeries* para mulheres reais que se aceitam como são, sem uso de Photoshop[121] em suas campanhas, com o crescimento a empresa e a necessidade de maiores volumes produtivos a organização adere a manufatura industrial.

[121] Photoshop – Um software caracterizado como editor de imagens bidimensionais, desenvolvido pela Adobe Systems, utilizado para edição profissional de imagens digitais e trabalhos de pré-impressão.

Figura 10 – Composição de imagens – *Lingeries* artesanais

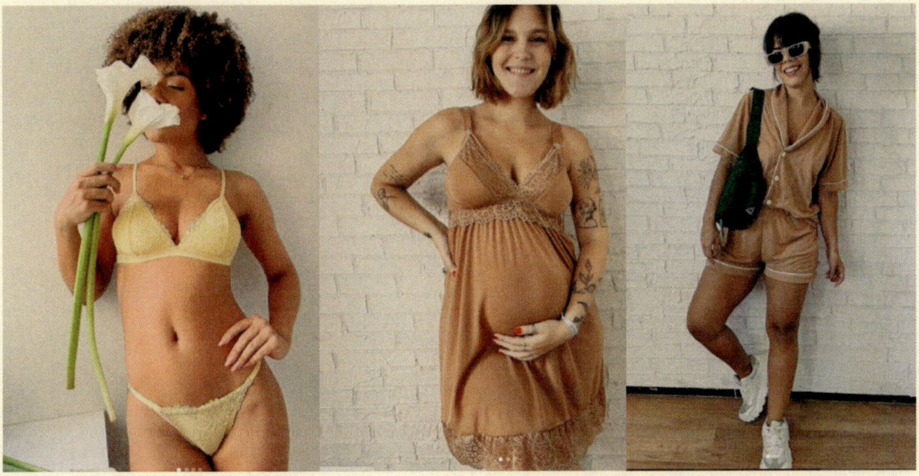

Fonte: VOVÓ QUEM FEZ

As produções artesanais, industriais tradicionais e industriais tecnológicos podem ocorrer a partir de produção própria ou terceirizada, a depender das estratégias administrativas, *marketing* e comerciais de cada empresa.

4.4.2 Industrial tradicional

"Os produtos industriais são objetos destinados a cobrir determinadas necessidades e são produzidos de forma idêntica para um grande número de pessoas".[122]

Em geral, parte da costura industrial tradicional é feita por máquinas de costura. As máquinas de costura têm um conjunto complexo de eixos que em ação movimentam a agulha, ou agulhas, pelas quais são perpassados fios e linhas, que possibilitam a união de duas ou mais faces do mesmo tecido, ou de materiais diferentes.

Antes da execução da costura, na indústria de confecções de *lingeries*, assim como do vestuário em geral, a elaboração de moldes é fundamental, estes são desenvolvidos por modelistas com base nas interpretações dos croquis ou criações sob diretrizes e orientações de estilistas, as modelagens podem ser tridimensionais, planas ou bidimensionais e digitais, compondo etapas que precedem o encaixe e o corte.

[122] LÖBACH, 2001, p. 38.

De toda a forma, modelagens e encaixes nas indústrias de confecções são informatizados, tecnologia que, por meio de software 3D, visa obter maior exatidão e resultados mais eficientes, com menos tempo de execução, evitando desperdícios e consecutivamente aumentando a rentabilidade para a indústria.

O processo industrial tradicional utiliza-se de métodos específicos para cada tipo de *lingerie*, com singularidades que perpassam desde a modelagem, corte, manufatura, até o acabamento.

Para a utilização de diversos tecidos, alguns fornecedores fazem recomendações para garantir a qualidade dos produtos com auxílio de fichas técnicas, estas trazem especificidades como tempo de descanso dos tecidos que podem variar entre 24 até 72 horas antes do infesto e corte; indicação de tipos de infesto; tipos de costura; especificações para agulhas e fios adequados para a costura em determinados tecidos.

Para o corte de roupas íntimas, mesmo o método industrial tradicional pode fazer uso de alguns métodos manuais e automatizados em face das características de algumas matérias-primas e porte das empresas, como é o caso do corte manual que utiliza a máquina de disco e a máquina de faca. A máquina de disco recebe essa descrição em razão das lâminas possuírem formatos de disco circular e octogonal, alguns modelos possuem afiador automático e as lâminas podem chegar até quatro polegadas de diâmetro.

A máquina de faca tem lâmina posicionada na vertical de aço com 6 a 10 polegadas de comprimento, possui afiador automático, sendo utilizada para cortes de volumes baixos e médios (até 12 cm de altura de enfesto). Para corte com maior volume de peças e que exigem enfesto com alturas superiores a 12 cm, as máquinas de corte serra fita são indicadas por cortar qualquer tipo de tecido, trata-se de máquinas serradoras que contam com fitas de corte que funcionam como correias, são elétricas, contam com mesa, manípulos de regulação e réguas para alinhar, algumas trazem tecnologia com controle de velocidade e sistema pneumático que facilita o deslize do enfesto sobre a mesa, bem como, com capacidade de corte superior atingindo até 20 cm de altura de enfesto.

As máquinas de corte automáticas para tecidos são equipamentos utilizados pela produção industrial tradicional, com modelos que utilizam o corte com lâmina e afiador automático, e também o corte a *laser* podendo cortar desde os tecidos mais leves e delicados até os mais rígidos, a capacidade de altura dos enfestos pode variar entre 7 cm e 8 cm, porém com alta velocidade, precisão e robustez.

Nos setores de produção em *lingerie*, o maquinário tanto é amplo como diverso, pois os equipamentos para costura podem variar desde as máquinas com barra fixa como máquina de costura reta e pespontadeiras (2 agulhas) barra fixa e alternada, botoneiras, zig-zags (2 pontos, 3 pontos e pontos decorativos), travetes entre outras e as de ponto corrente como overloque, overloque zeromax, galoneiras de base plana e cilíndricas e galoneiras BT são alguns exemplos dos equipamentos utilizados para a produção de roupas íntimas, esses dispositivos contam ainda com uma infinidade de aparelhos que auxiliam as operadoras a obterem maior qualidade e regularidade na costura associada a maior produtividade.

A indicação das máquinas de costura adequadas a cada produto é feita durante a pilotagem dos artigos criados mediante o fluxo operacional que constam em fichas-técnicas, estas podem variar de acordo com os modelos e indicação dos tipos de costura. Essas máquinas podem ser mecânicas ou eletrônicas, essas não diferem na potência, robustez e confiabilidade, contudo, as eletrônicas possuem recursos que agilizam processos, minimizam a fadiga de algumas operações podendo aumentar a produtividade.

Os tipos de linhas utilizadas para a produção de *lingeries* podem ser algodão, poliéster ou mistas, a depender do tipo de costura, da rotação das máquinas utilizadas para a manufatura dos produtos ou da especificidade das costuras de acordo com os modelos criados, estas podem ser leves e delicadas ou robustas e mais resistentes. Já os fios propiciam maior alongamento para as costuras, principalmente dos tecidos com maior elasticidade, com composições em poliéster e poliamida, os fios de helanca (poliamida 66) podem ter 2 e 3 cabos conferindo maior alongamento e mais resistência para a costura.

No processo industrial tradicional podemos identificar as marcas tanto por meio de observação técnica de seus produtos, quanto no acompanhamento *in loco* a partir de parte das empresas nas quais destacamos as marcas: Agent Provocateur, Aubade, Calvin Klein, Intimissimi, La Perla, Lise Charmel, Osho, Simone Pérele, Victória's Secrets, TomboyX, Darling, DeMillus, Del Rio, Dilady, 2Rios, Duloren, Fruit de la Passion, Hope, Liz, Lov, Loungerie, Marcyn, Recco, Valisère, Belles, D'Chelles, Diamantes, D'Noite, Extasis Lingerie, Liebe, Linhas e Cores, Nayane, Starjane, Somosplus, Thais Ferreira e Vi Lingerie e Vovó Quem Fez.

Para as *lingeries* sem costura, seja com o mínimo de costura possível, a cosedura deve ser a mais discreta e imperceptível, obedecendo a critérios de qualidade de cada marca, são necessários tecidos específicos para o desenvolvimento de peças mais leves que visam não marcar a pele da consumidora e manter a longevidade da roupa íntima.

As *lingeries* sem costura podem ser produzidas a partir do processo industrial tradicional e além da exigência de matérias-primas específicas, necessita da adoção de pontos e ajustes determinados como overloque com *looper* cego para o fechamento e travetes mais delicados para o acabamento das peças. Alguns desses produtos exigem métodos industriais com maior apelo tecnológico, essas *lingeries* trazem recursos industriais avançados, contudo, não dispensam parte do processo industrial tradicional.

4.4.3 Industrial tecnológico

A tecnologia das roupas sem costura surgiu no Brasil ainda em 1997, sendo ainda pouco conhecida na indústria de confecções, nos últimos anos vem ganhando mais adeptos entre as marcas brasileiras de *lingerie*, roupas esportivas e funcionais.

Figura 11 – *Lingerie* sem costura (máquina circular)

Fonte: Plié Lingerie[123]

[123] Site disponível em: https://plie.com.br/. Acesso em: 10 jan. 2022.

Um dos processos têxteis mais utilizados na fabricação de *lingerie* sem costura é a malharia circular, trata-se de tecnologia de ponta que propicia relativa versatilidade para criação das roupas íntimas. A máquina circular modelo *bodysize* produz tubos de malhas padronizados, concebendo formas que recebendo acabamentos específicos resultam em diferentes modelos de *lingeries*.

Os tubos de malha para *lingeries* sem costura podem receber desenhos, reforços e serem personalizados, mesmo sendo tecnologia de ponta, esse processo não dispensa a manufatura industrial tradicional, seja para as calcinhas, shorts, bermudas e sutiãs bralettes que utilizamos máquinas como fechadeira, zeromax, galoneira, travete e máquina ponto invisível para acabamento ou finalização do produto final a depender do modelo a criado.

Nos sutiãs mais complexos, camisetes, bodys e macaquinhos a criação dessas peças exigem processos com máquinas como retas, pespontadeiras, galoneiras, zig-zags (2 e 3 pontos), travetes e máquina ponto invisível para acabamento ou finalização do produto final a depender da criação, outras máquinas podem ser requisitadas.

Os desenhos, modelos, padrões de malha e marcas para corte são preparados direto no *software* da máquina, o que envolve menos procedimentos e máquinas no processo produtivo. Os fornecedores[124] dessa tecnologia afirmam que esse processo produtivo resulta em redução de custos, economia de tempo, energia, tendo uma produção ágil sem exigir vultuosos espaços para produção.

Importante compreender que o processo tradicional industrial envolve a aquisição de artigos têxteis já acabados ou a produção destes.

O que diferencia os processos tradicionais dos tecnológicos sem costura é que no tradicional as malhas são produzidas e na tinturaria passam pela lavagem, purga, tingimento, ramagem e desengomagem, depois do tecido estar pronto ou ser comercializado para a indústria de confecções, estes são desenrolados, passam pelo tempo de descanso, são enfestados e cortados de acordo com os moldes, posteriormente enviados para a costura e acabamentos finais; nos processos tecnológicos, os procedimentos de enfesto e corte são eliminados, visto que a própria produção do tubo de malha já é a peça que passa por um processo de corte apenas para separá-las, desta forma a tinturaria e os acabamentos são simplificados e realizados apenas com a peça semipronta.

[124] Um exemplo de fornecedor da categoria é a empresa Carmelo Comercial. Para mais informações, cf. http://carmelocomercial.com/. Acesso em: 10 jan. 2022.

Figura 12 – Composição de imagens - *Lingerie* sem costura *vs.* estruturação conceitual

Fonte: Plié Lingerie[125]

No processo industrial tecnológico a partir da malharia circular identificamos as marcas: Del Rio, Loba (Lupo), Plié e Scala. Importante salientar que essa metodologia de produção pode abranger os conceitos básico, funcional e ornamental, de acordo com o perfil e criatividade da empresa produtora. Nesse contexto, a marca Plié destaca-se por apresentar produtos que englobam a estruturação conceitual que defendemos neste material, conforme ilustramos na figura 12.

Figura 13 – *Lingerie* sem costura a filme

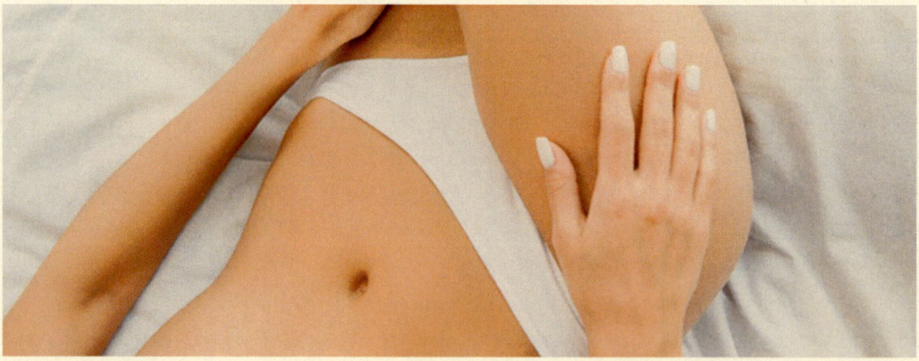

Fonte: Duloren[126]

[125] Site disponível em: https://plie.com.br/. Acesso em: 10 jan. 2022.

[126] Site disponível em: http://oqnv.duloren.com.br/os-beneficios-da-calcinha-sem-costura/. Acesso em: 10 jan. 2022.

Outro processo de *lingeries* sem costura é a fusão de tecidos por meio de máquina ultrassônica com sistema pneumático, este mecanismo substitui os tradicionais elásticos utilizados nas roupas íntimas para o ajuste das peças em relação ao corpo, este ocorre mediante a fusão da fita filme[127] com o tecido, trata-se de um processo demorado, exige mão-de-obra extremamente qualificada, não favorecendo sua viabilização na produção. No processo de lingerie sem costura a partir de máquina ultrassônica observamos peças íntimas presentes em algumas coleções das marcas: Duloren, Loungerie, Simone Pérele e Victória's Secrets.

As peças íntimas sem costura com processo a filme termo ativados na indústria de confecções permitiram possibilidades robustas para lingeries funcionais, especialmente, o shapewear, visto que solda duas camadas de tecidos compactando-os, propiciando maior compressão com menor volume e mais eficiência para as peças modeladoras, nesse contexto destacamos as marcas Dilady e Vi Lingerie, que apresentam roupas íntimas com reforços estruturais que objetivam a compressão da barriga, culote, flancos e realce das curvas, sob os *slogans* "barriga zero" e "cintura perfeita" essas empresas afirmam haver a redução de medidas de partes do corpo durante o uso de suas peças, esses benefícios são resultados da associação de tecnologia, modelagem precisa e tecidos com atributos funcionais, que por meio de filme une duas faces do tecido, selando e compactando-o de modo a garantir maior força sobre determinadas partes do corpo, esse recurso permite a selagem do mesmo tecido e tecidos com composições diferentes a depender do tipo de produto escolhido pela organização, tendo peças destinadas às categorias de *shapewear* e seus níveis, bem como pós-parto e pós-cirúrgico.

Os tipos de manufatura são a expressão do desenvolvimento das roupas íntimas, em síntese porque definem a estrutura produtiva, identificam o DNA da empresa, refletem na comunicação da organização e como a marca se relaciona com seus consumidores.

Assim, apresentamos a estruturação dos conceitos para o desenvolvimento de *lingeries* em que ilustramos o mapa conceitual por meio dos organogramas ao longo deste tópico, dessa forma temos quatro capítulos em que trouxemos a constituição das hierarquias de produtos com as classificações para o desenvolvimento de *lingeries*, compreendidos nas partes I e II deste livro. A seguir, na parte III veremos as formas e tipologias das roupas íntimas combinadas com algumas curiosidades e peculiaridades observadas nestes mais de 30 anos de intensa atuação no mercado de *lingeries*.

[127] Filme – Película adesiva TPU *hotmelt* em poliuretano, funciona com uma cola em cor translúcida que sela ou une superfícies a partir de processos termocolantes.

~ PARTE III ~

COM QUE LINGERIE EU VOU?

5

AS PRINCIPAIS FORMAS QUE COMPÕEM O MIX DE PRODUTOS EM LINGERIE

Figura 14 – Composição de imagens: foto, equipamentos, textos e diferentes tipografias

Fonte: elaborada pela autora com base em Fontanel[128]

A moda íntima como conhecemos atualmente passou diversas transformações, as formas que conhecemos hoje começaram a se revelar no início do século XX. Formas que acompanharam e refletem as profundas transformações da mulher na sociedade, histórias contadas

[128] FONTANEL, 1998, p. 60-61.

ao longo do século XX até os dias atuais, para mostrar que a arte imita a vida, onde a moda íntima dialoga com suas consumidoras por meio das suas crenças, costumes, estilo de vida e valores culturais, expõe que

> [...] a manipulação social a que a mulher foi submetida nos últimos cinco mil anos – desde a Antiguidade até a revolução sexual no século passado – através da lingerie. [...] Nas últimas quatro décadas, a mulher tem virado o jogo.[129]

Da silhueta em "S" provocada pelos torturantes espartilhos na virada do século XIX para o século XX, passando pelo surgimento dos primeiros sutiãs até a suposta queima simbólica dos mesmos, das calcinhas enormes aos ousados fio-dentais.

Assim como a arte imita a vida, a *lingerie* em suas diversas formas, ganhou a expressão de cada momento das transformações femininas (nos cartazes das *pin-ups*, no cinema ou na vida real)[130], de transição em transição, ora gritos de liberdade, ora protestos, ainda assim, sempre se adaptando a uma mulher que continua mudando e evoluindo continuamente.

Cada forma de *lingerie* que veremos a seguir é fragmento de uma segunda pele, elementos traduzidos em peças de um vestuário íntimo, ostentando expressões identitárias que dialoga com quem as escolhe, veste e consome.

5.1 CALCINHAS

Calcinhas são peças do vestuário que objetivam vestir a região pélvica, seja por higiene, pudor ou funcionalidade. Do fio-dental a *hot panties*, há uma ampla variedade de formas atribuídas às calcinhas, delineamentos que objetivam atender a diverdidade dos corpos e os gostos de quem as consome.

Os moldes básicos das calcinhas são estruturas que resultam em uma infinidade de modelos, desta forma, elencamos as principais formas conforme ilustradas a seguir.

---

129 MEDEIROS, Janaina. **Costurando para fora**: A emancipação da mulher através da lingerie. São Paulo: Editora Memória Visual, 2010. p. 7.

130 NAZARETH, 2007.

5.1.1 *Thohgs*

Figura 15 – Ilustração de fio-dental *Thohgs* na forma de tapa sexo

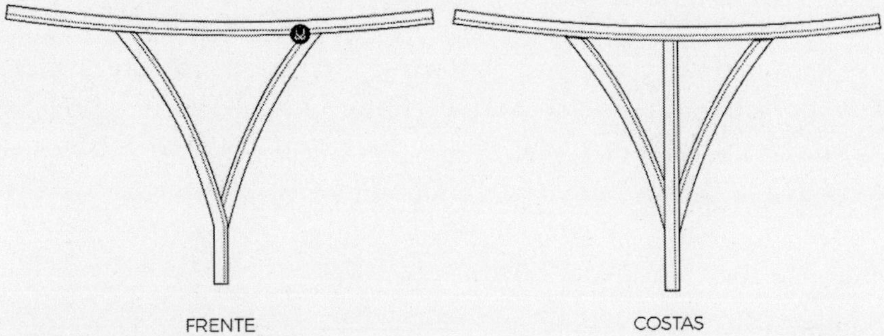

Fonte: elaborada pela autora

Muito usadas também como tapa sexo, as *thohgs* são calcinhas semelhantes às tangas indígenas ou de sumô, amplamente utilizadas em produções fotográficas e desfiles. Compõem ainda o *mix* de produtos de linhas sensuais e eróticas.

5.1.2 Fio-dental *String*

Figura 16 – Ilustração de calcinha na forma fio-dental *String*

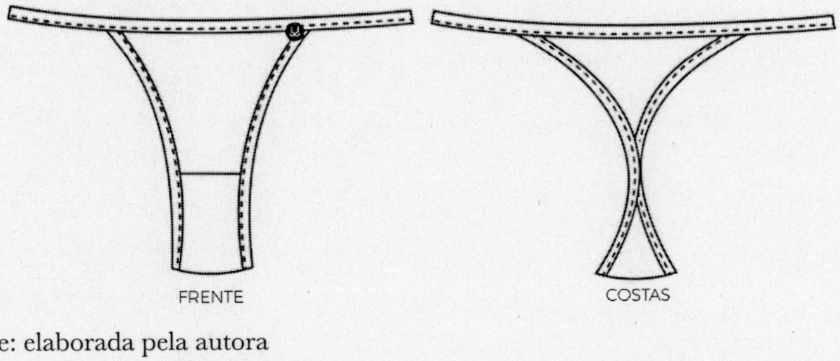

Fonte: elaborada pela autora

Bastante utilizada em linhas com conceito mais erotizado, esse fio-dental tem como característica principal as tiras laterais, que podem ser fixas, elásticas e reguláveis, especialmente *lingeries* e *beachwear*. Por se tratar de uma forma diminuta, pode propiciar maior invisibilidade sob algumas roupas, observadas as relações de biotipos.

5.1.3 Tanga *String*

Essa peça traz em sua principal característica as tiras laterais, uma tanga muito sensual, e que se trata de uma forma bastante apreciada por consumidoras mais ousadas e por quem tem preferência por usar roupas *Saint'Tropez*.

Figura 17 – Ilustração de calcinha na forma tanga *String*

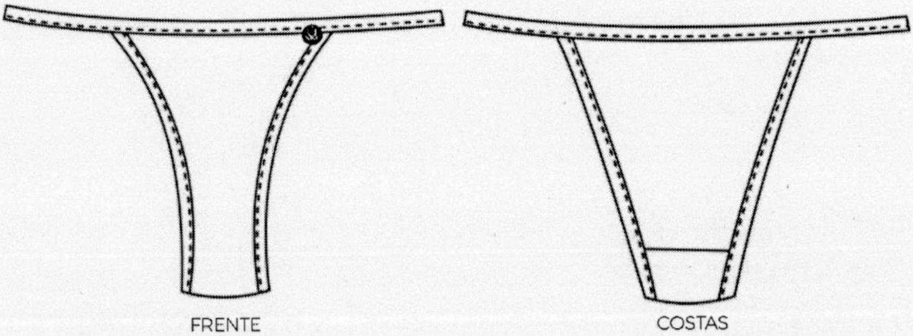

Fonte: elaborada pela autora

5.1.4 Tanga Asa-delta

Figura 18 – Ilustração de calcinha na forma tanga Asa-delta

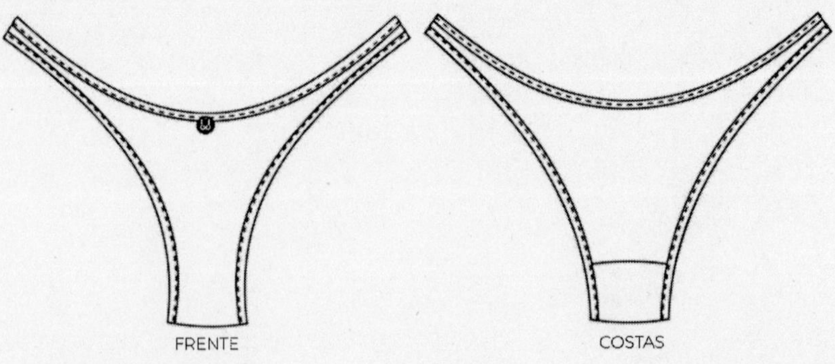

Fonte: elaborada pela autora

Nas coleções de *lingeries*, a tanga "Asa Delta" ou calcinha *slip* foi febre das consumidoras na década de 1980 e parte de 1990, uma peça que fez muito sucesso no período do culto ao corpo, seu nome se deve ao fato da forma imitar a asa delta, muito utilizada na moda praia na mesma década.

5.1.5 Fio dental biquíni

Figura 19 – Ilustração de calcinha na forma fio dental Biquíni

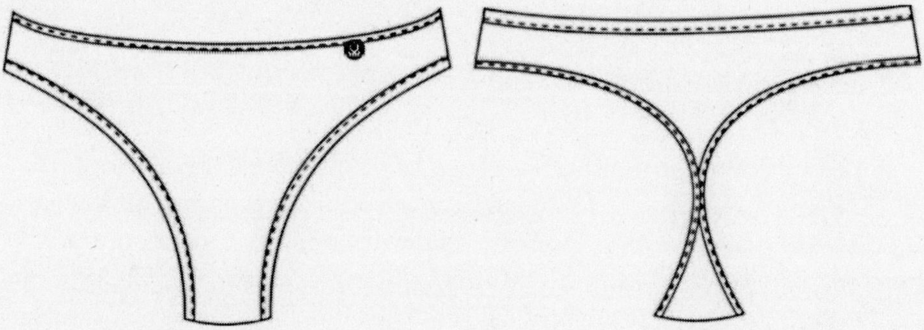

Fonte: elaborada pela autora

Peça da roupa íntima que passou a ser muito popular a partir da década de 1990. Com uma forma clássica na frente, trata-se de uma calcinha tradicional, nas costas, a ousadia que liberta a pele das marcas e deixa os glúteos à mostra.

5.1.6 Calcinha biquíni

Figura 20 – Ilustração de calcinha na forma Biquíni

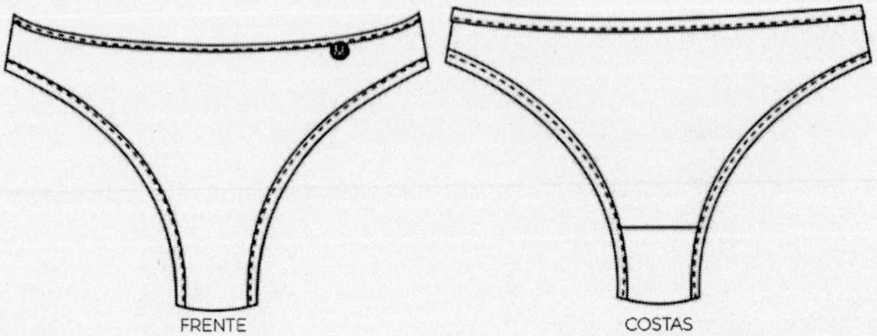

Fonte: elaborada pela autora

A mundialmente conhecida tanga brasileira, peça íntima "queridinha" entre as brasileiras, por deixar o glúteo mais aparente sem recorrer ao fio-dental, em alguns países essa calcinha tem sua forma conhecida como *brazilian pants*. O biquíni, também denominada como *slim*, reta ou *Saint'Tropez*, tem o cós reto, laterais mais estreitas e costas mais cavadas.

5.1.7 Calcinha básica

Figura 21 – Ilustração de calcinha na forma Básica

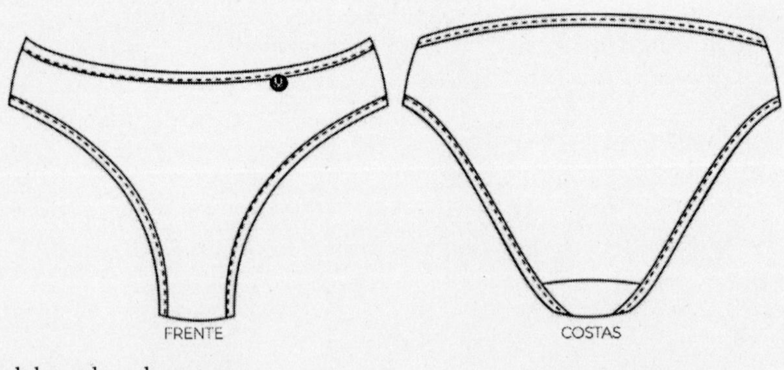

Fonte: elaborada pela autora

Essa é a peça mais tradicional na *lingerie* entre as calcinhas, o seu formato anatômico veste as curvas femininas com perfeição, não se trata de uma forma para seduzir, trata-se de uma estética totalmente voltada para o conforto e bem-estar. Sendo as medidas que a caracterizam, a largura da sua lateral pode variar entre 5 cm e 7 cm, e a distância entre o cós e o umbigo é de cerca de 5 cm.

5.1.8 Calça clássica

Muito apreciada por consumidoras contemporâneas, a calça clássica pouco difere da calcinha básica, suas laterais são mais largas e a altura do cós é próximo à linha da cintura, ou sobre o umbigo. As costas dessas calças são proporcionalmente cavadas, e por característica, exige tecidos com maior poder de compressão que as tradicionais.

Figura 22 – Ilustração de calcinha na forma Clássica

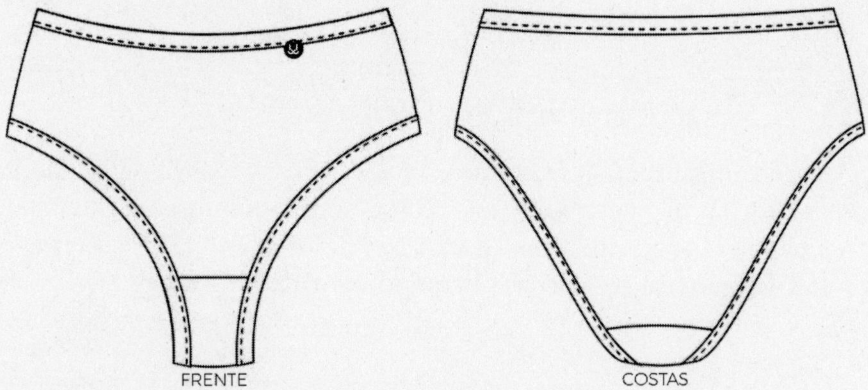

Fonte: elaborada pela autora

5.1.9 Calça boneca ou *Hipsters*

Figura 23 – Ilustração de calcinha na forma Boneca

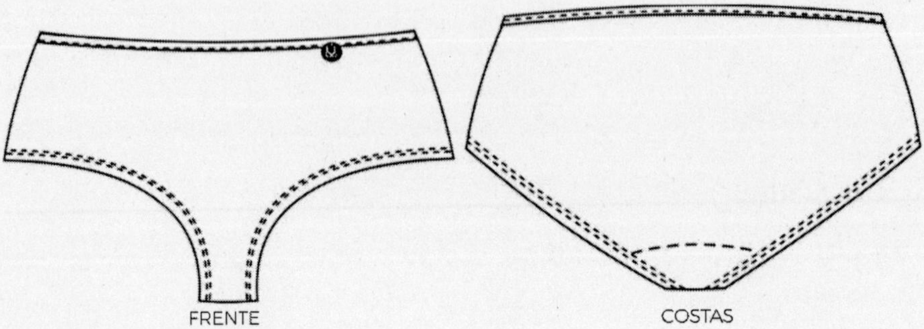

Fonte: elaborada pela autora

Cintura baixa, laterais largas e cavas rigorosamente anatômicas, a calça boneca tem pernas livres de elásticos, o que a torna ainda mais confortável, sua forma tem melhor aceitação em produtos à base de algodão e com um estilo mais irreverente.

5.1.10 Cueca feminina ou *Boy Shorts*

Como a própria nomenclatura já denuncia, a cueca feminina muito se assemelha a uma cueca *boxer* masculina, porém com uma modelagem voltada para o biotipo feminino, costuras e tecidos mais leves caracterizam essa peça. Essa forma de calcinha ficou popularmente conhecida na série de TV *Os Normais* exibido na TV Globo em 2001.

Figura 24 – Ilustração de calcinha na forma Cueca feminina

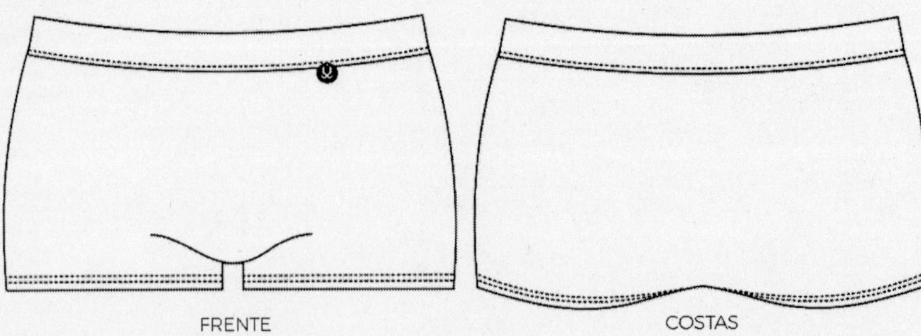

Fonte: elaborada pela autora

5.1.11 *Caleçon*

Figura 25 – Ilustração de calcinha na forma *Caleçon*

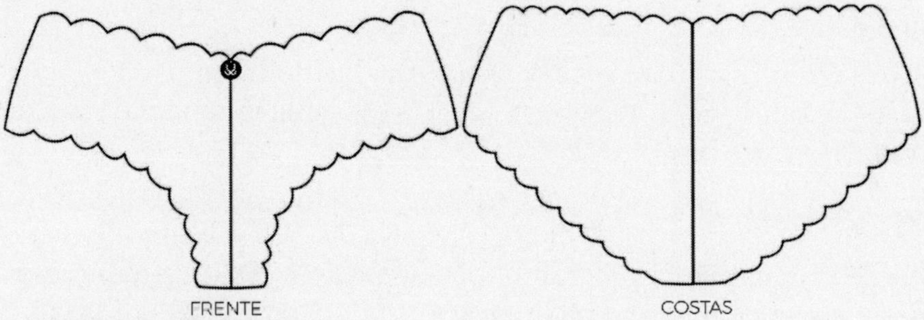

Fonte: elaborada pela autora

Super leve e toda em renda, trata-se de uma peça muito apreciada entre as consumidoras femininas, por ser uma *lingerie* livre de elásticos, o que evita as indesejáveis marcas sob a pele, por não marcar contribui para disfarçar aquelas "gordurinhas" indesejadas. Apesar de ser larga, em função da transparência e leveza que a renda propicia, concede ainda uma conotação de sensualidade.

Curiosidade

O uso de uma espécie de calção, inspirado nos culotes masculinos, foi introduzido no século XVI por Catarina de Médicis, que o utilizava para montar a cavalo. A partir daquele século a roupa íntima feminina, mais elaborada e produzida com tecidos claros, começou a distinguir-se da masculina, apertando mais a cintura e os seios, dando a impressão de quadris bem largos. O modelo usado como calcinha era o chamado culote ou calção bufante, confeccionado em tecidos leves como o algodão. Seu uso não era obrigatório por parte das mulheres comuns, com exceção das atrizes e cortesãs daquela época.

Fonte: ROSSETI, 1995, p. 36.

5.2 CALCINHAS DE CONTROLE

São peças que propõem o controle de certas partes do corpo, desenvolvidas sob a ótica de uma modelagem anatômica e ergonômica, que por meio da adoção de matérias-primas específicas e reforços que conferem uma modelagem parcial da silhueta.

Os reforços por sua vez, são estruturas de modelagem com função de potencializar a compressão em lugares específicos, uma das características das linhas de controle ou *shapewear*, atuando sempre nos níveis de média, alta e ultra compressão.

São calcinhas pertencentes a categoria do *shapewear* em seus vários níveis de compressão, no entanto, por não exigir recursos muito especializados para seu desenvolvimento e produção, muitas empresas as produzem sem associar estes produtos a categoria do *shapewear.*

5.2.1 Calça clássica de controle

Figura 26 – Ilustração de calcinha na forma Clássica de controle

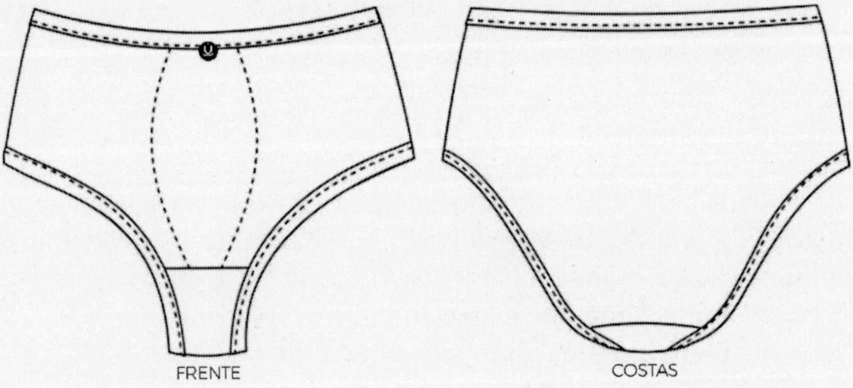

Fonte: elaborada pela autora

Com formas contemporâneas, as cintas clássicas de controle foram ganhando espaço no *closet* feminino, essas calças trazem laterais mais largas que as calcinhas convencionais, a altura do cós em paralelo à linha da cintura, ou sobre o umbigo, o que favorece a aplicação de reforços frontais, uma faixa de tecido adicional que objetiva conter ou controlar a indesejável "barriguinha".

5.2.2 Calça *Hot panties*

Figura 27 – Ilustração de calcinha na forma *Hot panties*

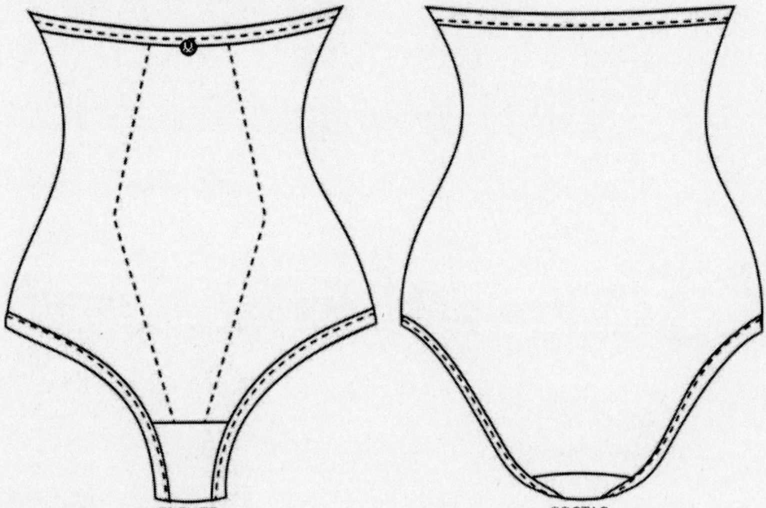

Fonte: elaborada pela autora

As *hot panties* ou cintas altas modeladoras, chegaram de mansinho, e foram ganhando espaço no *closet* feminino, isso porque sua estrutura básica e o reforço veste toda a região abdominal, o reforço localizado no centro da frente atuando diretamente sobre a barriga, por sua cobertura extra e por ser produzida em tecidos de média e alta compressão, com o controle ampliado se estendendo até a região dos flancos o que contribui para conter e disfarçar as "gordurinhas" extras sob a roupa.

5.2.3 Calça fio *Hot panties*

Figura 28 – Ilustração de fio dental na forma fio *Hot panties*

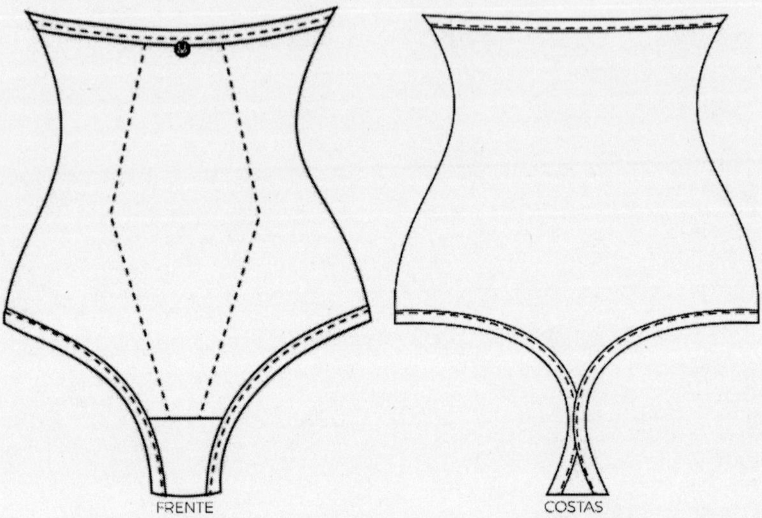

Fonte: elaborada pela autora

Derivadas das "*hot panties*", a cinta fio alta modeladora traz a mesma estrutura, vestindo toda a região abdominal, com reforço no centro da frente e desnudando os glúteos. Importante salientar que as formas aqui apresentadas, tratam-se de configurações básicas, nas quais e por meio destas, com recursos de modelagem possibilitam o desenvolvimento de várias outras formas de modo a atender as exigências da mulher contemporânea.

5.3 "BUMBUM" À BRASILEIRA

O "bumbum" da brasileira é mundialmente famoso. Um objeto de desejo "endemonizado" por algumas correntes ideológicas, dado a visão sexista que se concede a imagem da mulher brasileira, caracterizado como um estereótipo do ideal masculino, reflexões socioculturais à parte, o "bumbum" referente a anatomia feminina brasileira é objeto de desejo de muitas consumidoras.

De olho nesse nicho do mercado, algumas empresas desenvolveram produtos para atender aqueles ou aquelas, que de algum modo querem recursos estéticos para se encaixar na preferência nacional, no que se refere a anatomia feminina.

Mas afinal, o popularmente conhecido "Bundex" é ou não é uma calcinha?

A resposta é não!

O vulgarmente conhecido "Bundex" trata-se de um insumo para calcinhas e formas afins, são artigos em espuma conformada ou silicone com formas pré-definidas que visam o aumento do volume dos glúteos, no Brasil, este produto foi desenvolvido inicialmente pela empresa de bojos Nova Dublagem[131], tendo sido produzido por outras empresas, no entanto, impossibilitado de ser comercializado no mercado por outras companhias e retirados do mercado em detrimento de impedimentos jurídicos/comerciais, o insumo permanece no catálogo e site da Nova Dublagem até os dias atuais.

Figura 29 – Ilustração de calcinha com enchimento para glúteos

Fonte: elaborada pela autora

No segmento da *lingerie*, especificamente no mercado brasileiro, outros fabricantes de insumos buscaram alternativas para desenvolver outras espécies de enchimento para os glúteos, com formas distintas

[131] Para mais informações sobre a marca, *cf.* https://novadublagem.com.br/. Acesso em: 10 out. 2021.

visando ampliar o *mix* de produtos de suas empresas, bem como, propiciar mais possibilidades em formas e modelagem, e assim, atender essa demanda da confecção para peças com essa função, conforme ilustramos nas Figuras 29 e 30.

Figura 30 – Ilustração de calcinha *string* com enchimento para glúteos

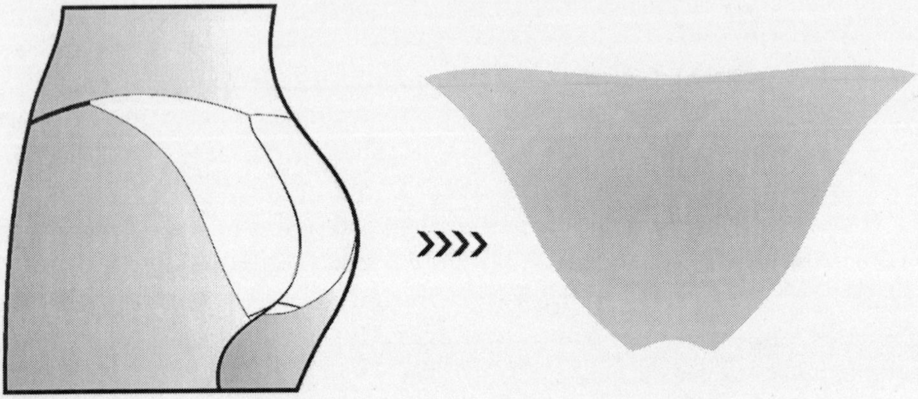

Fonte: elaborada pela autora

Figura 31 – Ilustração de calcinha com enchimento para glúteos

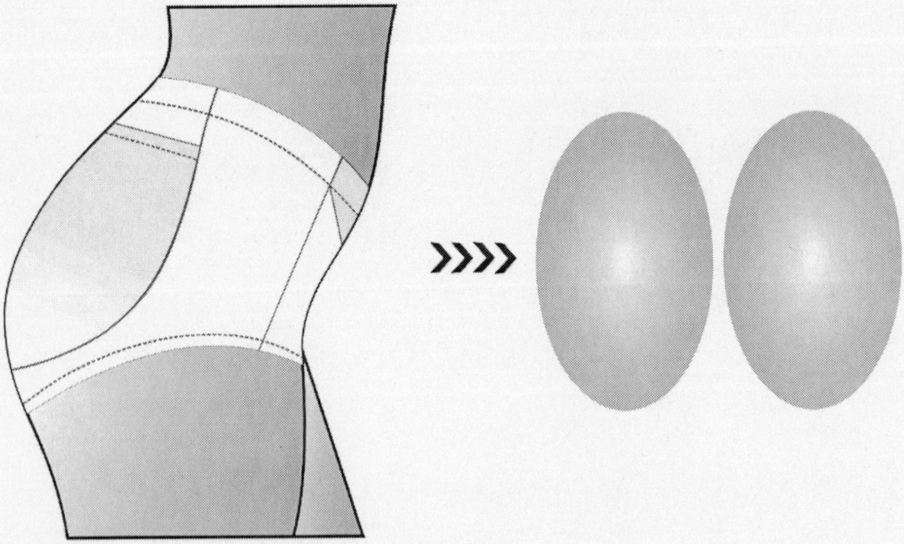

Fonte: elaborada pela autora

Importante salientar que as peças denominadas pelo mercado como "BUNDEX" ou "GLÚTEX" não se tratam apenas de formas, e sim, de uma variedade de formas de modo a promover uma função específica, ou seja, realçar a aparência do "bumbum"; trata-se de um efeito provisório e não de um atributo, portanto, os enchimentos para os glúteos são insumos que associados aos recursos de modelagem e manufatura podem ser utilizados nas mais diversas formas que compõem o *mix* de produtos em *lingeries*, conforme a proposta e DNA de cada marca, conforme ilustrado nas Figuras 29, 30, 31, 32 e 33.

Figura 32 – Ilustração de bermuda de controle com enchimento para glúteos

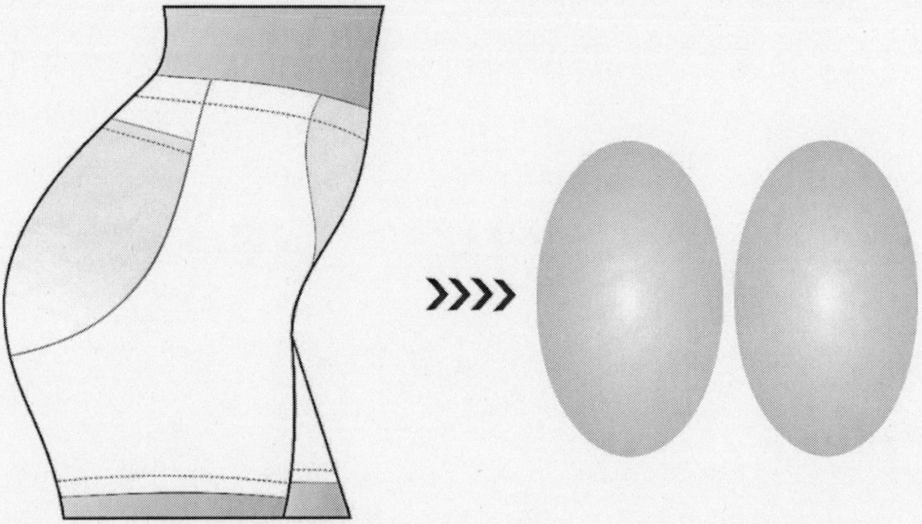

Fonte: elaborada pela autora

Figura 33 – Ilustração de body modelador com enchimento para glúteos

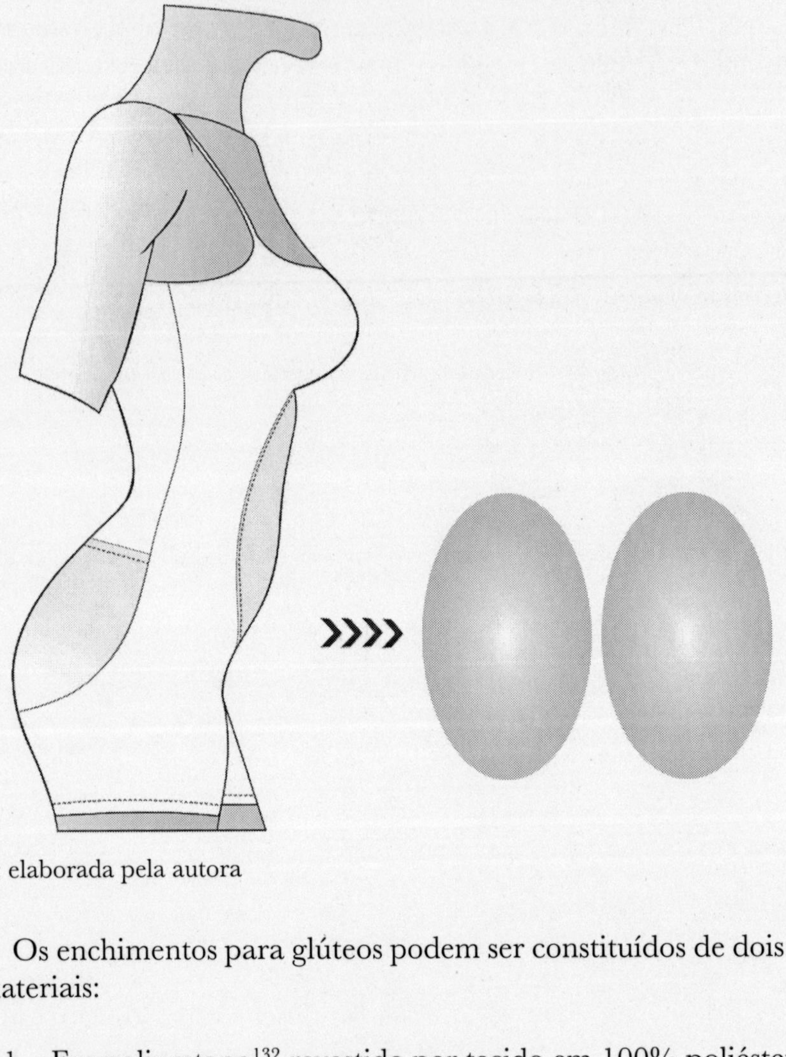

Fonte: elaborada pela autora

Os enchimentos para glúteos podem ser constituídos de dois tipos de materiais:

1. Em poliuretano[132] revestido por tecido em 100% poliéster;
2. Em silicone[133].

[132] Poliuretano – Polímero que compreende uma cadeia de unidades orgânicas unidas por ligações uretânicas. É amplamente usado em espumas rígidas e flexíveis, em elastômeros duráveis e em adesivos de alto desempenho, em selantes, em fibras, vedações, gaxetas, preservativos, carpetes, peças de plástico rígido e tintas.

[133] Silicone – são compostos quimicamente inertes, inodoros, insípidos e incolores, resistentes à decomposição pelo calor, água ou agentes oxidantes, além de serem bons isolantes elétricos. Para mais informações, *cf.* TORRES, Eduardo Mc Mannis. A evolução da indústria petroquímicas brasileira. **Química nova**, v. 20, São Paulo, 1997. Disponível em: http://static.sites.sbq.org.br/quimicanova.sbq.org.br/pdf/Vol20Especial_49_v20_especial_20%2808%29.pdf. Acesso em: 30 out. 2021.

Estes artigos em poliuretano e poliéster são mais comuns no mercado, que os de silicone, ofertado em diferentes modelos viabilizando o desenvolvimento de uma ampla variedade de produtos pelas confecções.

5.3.1 Uau! Que "bumbum" é esse?

É real? Enchimento ou recurso de modelagem?

A curiosidade é grande, e as perguntas são muitas. Importante compreendermos que enchimentos ou modelagem são recursos que servem de instrumentos para garantir funcionalidades específicas demandados nos produtos. No entanto, faz-se mais que necessário salientarmos que função e forma são questões distintas, a forma pode inclusive contribuir para a função, contudo, uma não tira a atribuição da outra, a função é o resultado dos recursos utilizados e a forma é um dos meios que conduzem ao resultado, ou seja, a forma é fundamental para garantir funções específicas, ainda assim, poderá existir sem os atributos de funções elaboradas.

Além dos enchimentos, observamos que há outro recurso cada vez mais utilizado e comercializado no mercado, dada as proporções das demandas específicas, são as bermudas e *bodies* modeladores, que trazem estratégias funcionais coordenadas por tecidos com alta gramatura e acentuado índice de elastano para garantir maior capacidade de *power*, associado a modelagem com aberturas nas nádegas de modo a comprimir o entorno e projetar os glúteos, criando uma sensação de maior volume, conforme ilustramos nas Figuras 34 e 35 a seguir.

Figura 34 – Ilustração de bermuda com abertura para o aumento do volume dos glúteos

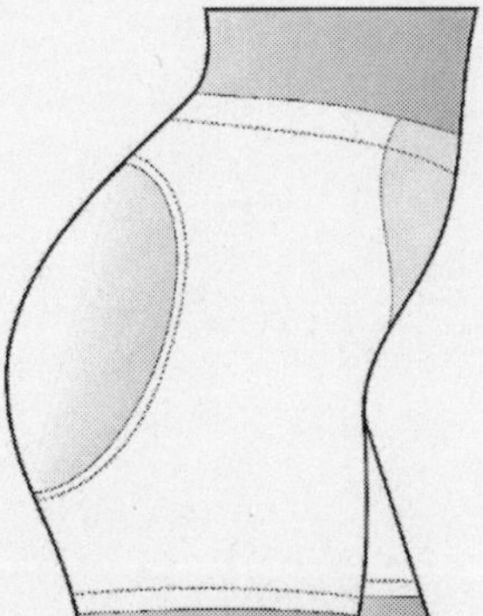

Fonte: elaborada pela autora

Importante frisarmos, que esse aumento de volume ocorre apenas durante a utilização da peça, muito embora muitas consumidoras e até marcas de *lingerie* afirmem haver um aumento no volume do "bumbum" durante usos contínuos e duradouros. No entanto, em testes podemos observar que se trata apenas da acomodação natural do tecido adiposo[134], e tão logo a consumidora suspenda o uso, após poucos dias a forma do corpo retorna ao natural.

Figura 35 – Ilustração de body com abertura para o aumento do volume dos glúteos

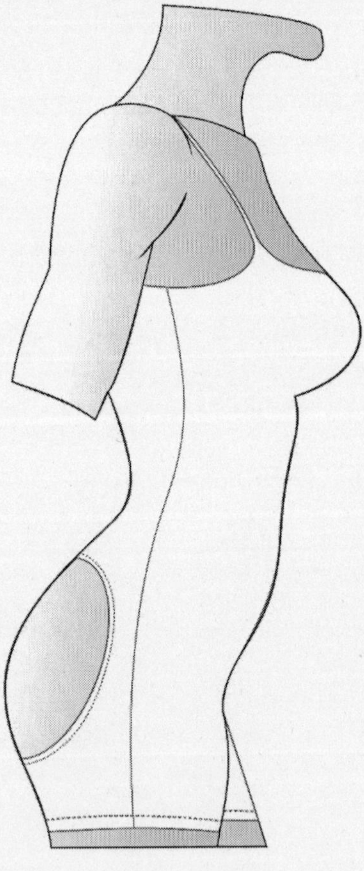

Fonte: elaborada pela autora

[134] Adiposo – Que contém ou é formado de gordura (diz-se de tecido adiposo).

5.4 NÓS TEMOS PEITO. E AGORA?

Figura 36 – Ilustrações: Composição de imagens, foto, textos e equipamentos

Fonte: elaborada pela autora

Separado, junto, flácido, firme, caído, projetado, contido, elevado, com mamilos salientes, expostos ou não, quando se trata do desenvolvimento e produção de sutiãs é fundamental considerar e compreender as formas e os tipos dos seios.

Importante observar que para projetar peças inteligentes é necessário atender cinco atributos essenciais em um sutiã, nos quais se destacam a sustentação, funcionalidade, conforto, *design* e estética.

Em vista disso, se faz imprescindível conhecer os tamanhos e formas dos seios, para desenvolver peças capazes de satisfazer a necessidade de cada biotipo, assim como, compreendermos as formas predominantes nos sutiãs, seus níveis de sustentação, categorias e funcionalidades em atenção a aplicabilidade das *lingeries,* conforme os tamanhos, formatos e características dos seios.

Reconhecer os aspectos socioculturais que envolvem os seios, bem como a diversidade das características que os circundam é fundamental, seja pela desconstrução da forma como eles são percebidos e retratados, ou pelos produtos que a indústria da moda íntima pode desenvolver.

5.4.1 Os seios e os aspectos socioculturais

Segundo Medeiros, durante a Antiguidade, entre os anos de 2600 a.C. (começo da Idade do Bronze) e 1450 a.C. desenvolveu-se na ilha de Creta a civilização minoica, na cultura dessa sociedade os seios eram associados a fartura e a fertilidade, sendo expostos e evidenciados mediante um amplo decote, a cintura era comprimida por corpete de couro e a saia volumosa.[135]

Figura 37 – Mulheres da sociedade minoica

Fonte: Blogspot[136]

[135] MEDEIROS, 2010.

[136] Site disponível em: http://1.bp.blogspot.com/-k69dSv_wgEc/Vkppt-rRWmI/AAAAAAAAKMU/TkX5YUVFQZU/s1600/12219592_880007592068615_892669881912032470_n.jpg. Acesso em: 31 dez. 2021.

A diferenciação da indumentária na Antiguidade também se relacionava com as questões de classe, a nudez era comum entre as mulheres menos abastadas na sociedade minoica, já as mulheres mais abastadas usavam saias amplas, faixas, cintos, colares, pulseiras e braceletes. Fontanel nos esclarece ainda que os seios fartos, flácidos e até mesmo caídos eram valorizados, pois tinham uma relação direta com a procriação e o zelo na maternidade. Os cretenses valorizavam muito a figura da mulher, onde tinham participação ativa na sociedade, ocupando cargos públicos, nos cultos eram consideradas sagradas, tinham destaque em festas e cerimônias religiosas, a sociedade de Creta era matriarcal.[137]

Figura 38 – Deusas das serpentes

Fonte: MARTINS, 2017. Acesso em: 31 dez. 2021

São muitos os estigmas que envolvem os seios, do sagrado e valorizado ao contido e oprimido. Ainda na Antiguidade, as mulheres gregas usavam o *strophium*, espécie de faixas em linho para controlar o movimento dos seios durante as práticas esportivas; já na sociedade romana a relação com a imagem da mulher e os seios era bastante diferente da

[137] FONTANEL, 1998.

sociedade minoica, uma espécie de faixa denominada *fascia* envolvia os seios de modo a conter o crescimento das mamas entre as mulheres mais jovens, enquanto as mulheres mais velhas com seios grandes usavam o *mamillare* para dominar o volume dos seios, Fontanel compara a repressão da figura feminina na Roma antiga em similaridade a imagem da mulher na sociedade afegã.

Atualmente, a publicidade e as mídias hiperssexualizam a imagem da mulher e seus seios, perpetuando uma ideia limitada do seio ideal para o público feminino, difundindo discursos que provocam uma procura por padrões para que mulheres se sintam "normais", "atraentes" ou encaixadas em um ideal masculino. Fontanel corrobora sobre a hiperssexualização da imagem da mulher ao expor sobre o corpo feminino e as fantasias:

> Seios achatados, negados ou seios massageados com purê de morango, cintura com pinças, respiração cortada, seios artificiais, cordões entrelaçados, seios perfumados, tetas que se retraem, rins ocos... dos ventres redondos às bundas de Paris, os corpos das mulheres, vazios e opulentos, movimentam nas cabeças o grande carrossel das fantasias.[138]

O que torna um seio atraente é muito mais subjetivo, as mamas são arraigados de atribuições com simbolismos para muito além da estética, desde a amamentação aos comportamentos socioculturais que condicionaram esse processo natural ao constrangimento, fazendo com que muitas mulheres se sintam desconfortáveis em amamentar nos ambientes públicos, ou criticadas por serem a favor dos seios em tamanho e forma natural, como é o caso da atriz Bruna Marquezine adepta do movimento "*body positive*"[139] e criticada por não aderir ao implante de próteses mamárias para o aumento do volume dos seios.

---

[138] FONTANEL, 1998, p. 156.

[139] Body positive – Um movimento que vem ganhando bastante visibilidade através das redes sociais. A ideia de amar seu corpo do jeito que ele é ganhou força em 1996, com a organização The Body Positive, fundada por Connie Sobczac, na Califórnia, Estados Unidos. Para mais informações, *cf.* ANDRADE, Gabriela. "Body positive": saiba mais sobre o movimento de aceitação do corpo. **Social 1**: 14 ago. 2021. Disponível em: https://jc.ne10.uol.com.br/social1/2021/08/13027579-body-positive-saiba-mais-sobre-o-movimento-de-aceitacao-do-corpo.html. Acesso em: 31 dez. 2021.

Figura 39 – Bruna Marquezine veste sutiã de cristais no Carnaval de 2018

Fonte: Barros (2018)

O fato é que os seios vêm sendo mercantilizados como objetos há tempos, as sugestões em direção ao aprimoramento artificial como proposta de torná-los sempre mais atraentes são cada vez mais frequentes, realidades que enquanto estilistas, modelistas, criadores, enfim, precisamos estar atentos.

Importante salientar que ao incorporarmos um conhecimento básico sobre as características dos seios associados aos fatores socioculturais que o envolvem, poderemos desenvolver produtos cada vez mais eficientes, além de proporcionar a apreciação da aparência inerente aos seios e a normalização das suas funções. Nesse sentido, tamanhos, formas e características são mais que naturais, seja na diversidade dos corpos, quanto a compreensão das características dos seios para o desenvolvimento de lingeries.

5.4.2 As formas dos seios e sua relação com os atributos dos sutiãs

A entendimento das formas e particularidades dos seios é essencial para o desenvolvimento de *lingeries* com atributos e funções eficientes, desde a adequação aos níveis de sustentação no que se refere a tamanho, quanto a modelos adequados às suas particularidades.

Figura 40 – Ilustração dos tamanhos dos seios

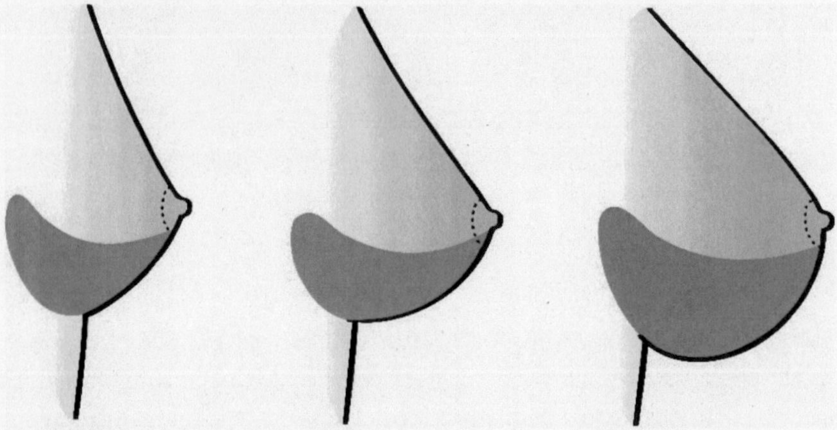

Fonte: elaborada pela autora

A relação entre o tamanho dos seios *vs*. tipos de sutiãs está diretamente relacionado com os níveis de sustentação que o sutiã precisa oferecer para cada tamanho e peso dos seios, atribuindo níveis específicos, seja a leve sustentação para os seios pequenos, a média sustentação para os seios médios, a alta sustentação para os seios grandes e a ultra sustentação para os seios maiores. Os níveis de sustentação relacionam-se diretamente com a parte da modelagem estruturada para envolver o tórax, sendo que, para cada nível de sustentação exigem elásticos adequados e larguras de alças variáveis, garantindo ajuste e minimizando os desconfortos relacionados ao peso que os seios exercem sobre os ombros.

- Leve sustentação = Alças 10mm;
- Média sustentação = Alças 13mm e/ou 14mm;
- Alta sustentação = Alças 18mm;
- Ultra sustentação = Alças a partir de 22mm.

Figura 41 – Ilustração das formas dos seios

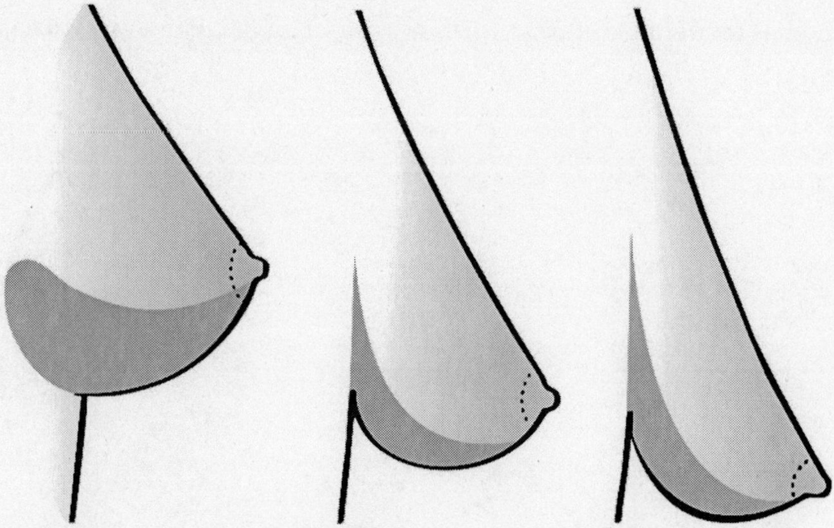

Fonte: elaborada pela autora

As características quanto a firmeza dos seios se relaciona com as formas das copas elegidas para uso no momento de escolha do sutiã, estas podem promover melhor vestibilidade ou não. Comumente, seios firmes se adequam a copas sem e com bojos conformados, estruturados por aros metálicos ou não. Fatores culturais podem ser preponderantes no momento de decisão de escolha, o que não implica em nenhum prejuízo na vestibilidade, desde que o tamanho adequado seja contemplado no momento da aquisição do sutiã.

Importante frisar que mulheres adeptas da prótese de silicone devem optar por estruturas firmes com acabamentos leves, principalmente próximos as cicatrizes, a fim de evitar desconfortos.

Já os seios flácidos demandam um cuidado a mais, além do tamanho correto que propiciará melhor ajuste, os bojos conformados tendem a favorecer a forma dos seios, conferindo um aspecto natural, especialmente com espumas mais leves e formas mais anatômicas.

Os seios caídos exigem sutiãs com estruturas mais robustas, tamanhos adequados sempre possibilitarão melhor ajuste no tórax e nas copas, base estruturada, bojos conformados com espumas leves e suaves, formas anatômicas e alças firmes promovem o realce dos seios garantindo a sustentação, disfarçando e realçando as formas desse seio. Bojos conformados com bolhas tendem a disfarçar melhor o visual da flacidez sob as roupas.

Figura 42 – Ilustração dos seios juntos

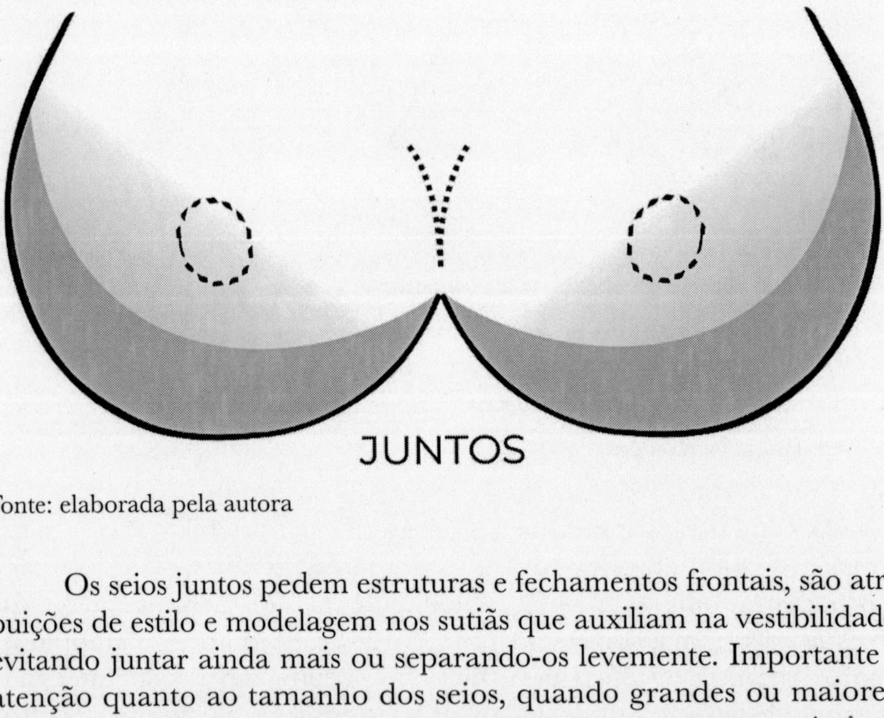

Fonte: elaborada pela autora

Os seios juntos pedem estruturas e fechamentos frontais, são atribuições de estilo e modelagem nos sutiãs que auxiliam na vestibilidade, evitando juntar ainda mais ou separando-os levemente. Importante a atenção quanto ao tamanho dos seios, quando grandes ou maiores, além dos recursos mencionados é importante estar atento aos níveis de sustentação de modo a garantir melhor vestibilidade e maior sustentação. Seios pesados pedem bojos conformados mais firmes e tecidos com maior *power.* Além dos recursos de modelagem, a seleção das matérias-primas é fundamental para garantir os benefícios necessários aos seios juntos.

Figura 43 – Ilustração dos seios separados

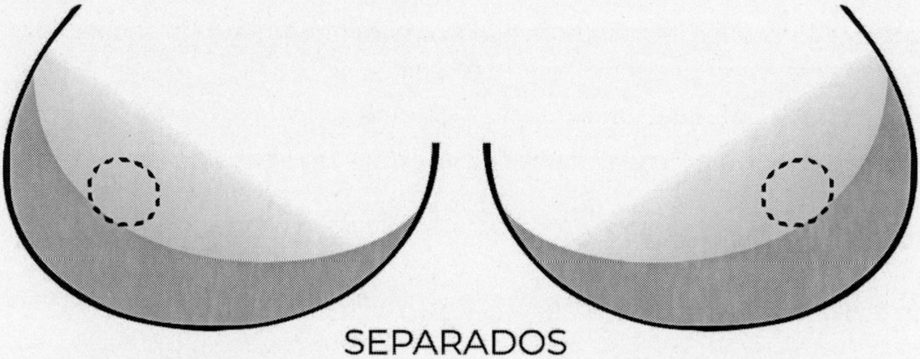

Fonte: elaborada pela autora

Os seios separados necessitam de sutiãs estruturados que garantam sustentação e ajuste, os *push-ups* são uma excelente alternativa, visto que, sua principal função é juntar os seios e a secundária levantar. O que veem a solucionar duas demandas ao mesmo tempo. Juntar os seios separados e levantar os caídos.

Importante compreender a diversidade das características que envolvem os seios, para nortear as diferenças entre o que são as formas e os tamanhos de cada seio em relação ao próprio corpo. Em relação à proporção volume *vs.* tamanho, os sutiãs recebem uma unidade de medida, são as copas, em que abordaremos a partir do próximo tópico.

5.4.3 Copa: medidas *vs.* volume

Em *lingeries* provenientes da Europa, EUA, Ásia e parte da América do Sul, a identificação das copas na *lingerie* é muito comum, no entanto, no mercado brasileiro essa identificação não é habitual. Conforme foi visto ao longo deste capítulo, o mercado de moda íntima no Brasil ainda está caminhando no sentido de preparação para adequar-se as normas com numerações, quando se trata de copas o assunto é ainda mais complexo.

Mas afinal, o que são copas?

Copa é a forma que propicia a cobertura dos seios no sutiã e demais peças que viabilizam o envolvimento das mamas, representa também a unidade de medidas relacionada ao volume dos seios em comparação a proporção das medidas do tórax no manequim do público feminino.

A nomenclatura dessas medidas também ocorrem em forma de letras, que se iniciam a partir do AA podendo chegar até a letra K, no entanto, no Brasil é mais comum encontramos à disposição produtos com os atributos das copas como medidas a partir do A, chegando até o DD.

Mas afinal, qual a disposição dessa unidade de medida?

Como compreender e identificar essa proporção?

Elaboramos uma sequência de informações ilustradas nas Tabelas 9 e 10, bem como nas Figuras 44, 45 e 46, de modo a contribuir para a percepção e identificação dos tamanhos relacionados ao volume dos seios por meio desse sistema de medidas.

Tabela 9 – Tabela de proporção das copas em relação ao tórax

PROPORÇÃO DAS COPAS EM RELAÇÃO AO TÓRAX	
A	Medida dos seios menor um manequim em relação a medida do tórax;
B	Medida dos seios proporcional a medida do tórax no mesmo manequim;
C	Medida dos seios maior um manequim em relação a medida do tórax;
D	Medida dos seios maior dois manequins em relação a medida do tórax;
DD	Medida dos seios maior três manequins em relação a medida do tórax;

Fonte: elaborada pela autora

A identificação é simples, no entanto, exige que as marcas, vendedoras e até mesmo as revendedoras tenham sido treinadas e tenham a sua disposição a tabela de medidas, com isso, basta que o público feminino envolva uma fita métrica logo abaixo dos seios para obter o perímetro da circunferência do tórax; por conseguinte, envolva da mesma forma a fita métrica sob o volume dos seios para obter as medidas pertinentes a essa parte do corpo, conforme ilustramos abaixo na Figura 44.

Figura 44 – Ilustração para obtenção de medidas

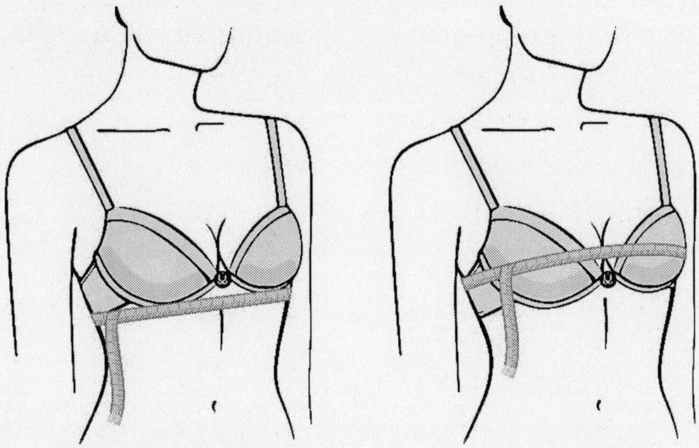

Fonte: elaborada pela autora

Com as medidas obtidas, por meio da observação dos dados da tabela é possível identificar a proporção correta das copas em relação ao tórax.

As tabelas podem ser simplificadas sem trazer todas as medidas do corpo, restringindo as medidas do tórax e dos seios, objetivando uma melhor assimilação, e assim facilitar para uma rápida identificação, conforme exemplificamos abaixo na Tabela 10.

Tabela 10 – Tabela dos manequins 40 ao 46 com copas do A ao DD

TABELA DE IDENTIFICAÇÃO DAS COPAS						
MAN.	**TÓRAX**	**COPAS**				
		A	**B**	**C**	**D**	**DD**
40	79 - 82 cm	82 – 86cm	87 – 90cm	91 – 94cm	95 – 98cm	99 – 102cm
42	83 - 86cm	87 – 90cm	91 – 94cm	95 – 98cm	99 – 102cm	103 – 106cm
44	87 - 90 cm	91 – 94cm	95 – 98cm	99 – 102cm	103 – 106cm	107 – 110cm
46	91 - 94 cm	95 – 98cm	99 – 102cm	103 – 106cm	107 – 110cm	111 – 114cm

Fonte: elaborada pela autora

A conferência das copas ocorre com a tomada de medidas auxiliada por sua conferência mediante tabela[140], elementos fundamentais para a identificação. Outra alternativa para a identificação é a análise visual, conforme ilustramos na Figura 45, logo abaixo.

Figura 45 – Ilustração do volume das copas

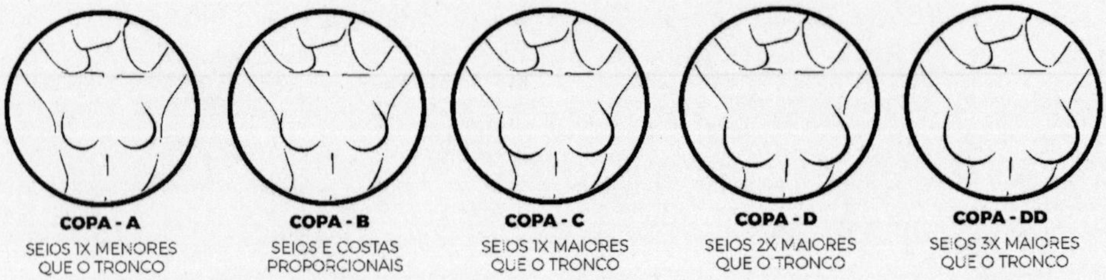

Fonte: elaborada pela autora

Na inabilidade na obtenção de medidas ou da observação do volume dos seios para identificar a proporção, é possível perceber a necessidade da conferência de medidas durante o uso dos próprios sutiãs ou peças que trazem a cobertura das copas, especialmente, peças com bojo conformado, que por terem uma estrutura pré-formada e robusta tendem a evidenciar a ausência ou excesso de volume conforme ilustrado a seguir na Figura 46.

Figura 46 – Ilustração da ausência de proporção do volume dos seios

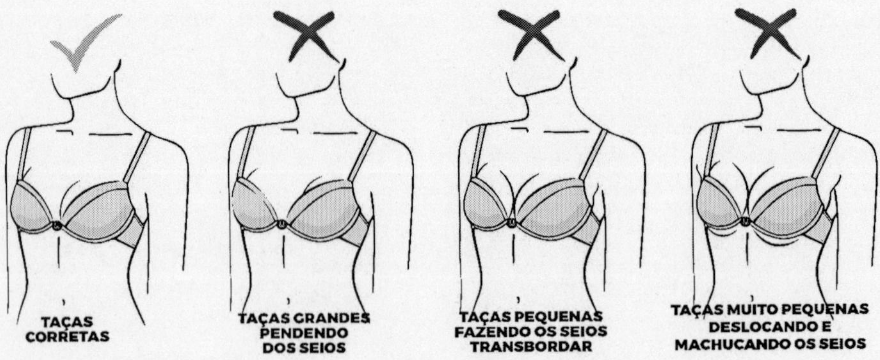

Fonte: elaborada pela autora

140 Tabelas de copas *vs.* tórax – Encontradas em pesquisa de campo nas marcas Hope, Liz e Loungerie.

Entre as marcas pesquisadas podemos observar que a Liz, Hope, Liebe, Valisère, Loungerie, Vi lingerie e Nayane Rodrigues trazem em suas coleções alguns artigos com a proposta do sistema de copas, entre estas, a marca Liz destaca-se com um trabalho amplo e solidificado comercialmente no mercado, especialmente se comparada as outras marcas, que trazem artigos específicos e pontuais.

Em entrevista com empresários e *designers* de algumas dessas marcas, os mesmos expõem a ausência de qualificação para o desenvolvimento e produção dessa categoria, bem como, a necessidade de vultuosos investimentos em insumos específicos, neste caso, acreditamos que a marca Liz se destaca no mercado, tendo o sistema de copas em seus produtos como diferencial competitivo.

Apesar de algumas incorreções no mercado, podemos também observar muitos avanços no setor de moda íntima, embora tímidos, as marcas Liz, Hope e Loungerie tratam-se de exemplos positivos, especialmente, no que tange a utilização correta das tabelas de medidas e a comunicação assertiva dos produtos frente aos seus públicos-alvo.

5.4.4 Os principais níveis de sustentação para sutiãs

Design, modelagem e manufatura constituem as principais configurações para a estruturação dos sutiãs, sucessivamente surgem os níveis de sustentação, atributos estruturados pelas mesmas configurações adicionado da aplicação de matérias-primas adequadas a cada nível. No qual elencamos quatro níveis, sendo leve, média, alta e ultra sustentação.

Figura 47 – Composição de imagens, texto, equipamento e mulher

Fonte: elaborado pela autora

Leve sustentação

A leve sustentação trata-se de um nível voltado para sutiãs que visam o apelo estético e o conforto, ambos objetivos podem estar juntos na mesma peça, contudo, o que realmente caracteriza esse nível é a ausência de estruturas que propiciem funcionalidades complexas, ideal para mulheres de seios firmes com tamanhos pequenos e médios. Vestir confortavelmente é o foco desse nível de sustentação.

Média sustentação

As peças que trazem o nível da média sustentação, fundamentalmente exigem suportar bem o peso dos seios médios e atender a atributos específicos que visam garantir maior conforto, "vestibilidade" e funcionalidade.

Essencialmente devem possuir estruturas que proporcionem boa cobertura, realcem os seios e disfarcem questões como flacidez, seios caídos e ainda propiciem funções corretivas e/ou estéticas quando as mamas são juntas ou separadas e necessitam de auxílio para adequações por meio de *lingeries* funcionais.

Em síntese, o objetivo da média sustentação é vestir bem, garantir conforto e sustentação proporcional aos seios médios e com atributos funcionais relativos as formas e os tipos dos seios.

Alta sustentação

Atender as necessidades da alta sustentação exige compreender demandas complexas como equilíbrio entre volume e peso dos seios, os impactos do peso dos seios na estrutura lombar e ombros, estética, progressão dos tamanhos grandes e a relação das numerações integrada ao sistema das copas (nomenclatura técnica que identifica os tamanhos relacionado ao volume dos seios).

Desenvolver sutiãs ou outras peças relacionadas a sustentação dos seios (camisetes, *bodies* e afins) correlacionadas a alta compressão, caracteriza-se como um desenvolvimento complexo, que exige a identificação das funcionalidades a serem atendidas para compor com a modelagem, reforços, tecidos apropriados, coerência estética, elementos esses, que precisam ser atendidos para alcançar êxito a alta compressão.

A finalidade da alta sustentação é garantir acomodação ajustada dos seios atrelada ao conforto, compondo com atributos funcionais e estéticos relativos às formas e aos tipos de seios grandes.

Ultra sustentação

A ultra sustentação traz todas as características da alta sustentação, potencializados por modelagens de bases mais robustas, com elásticos mais específicos e alças com larguras compatíveis aos tamanhos e peso dos seios, conforme ilustramos a seguir.

Figura 48 – Ilustração de estrutura de sutiã para alta sustentação

PARTES DO SUTIÃ COM ESTRUTURA PARA ALTA SUSTENTAÇÃO

CENTRO DA BASE

Usado de forma extensiva, trata-se do elo de ligação, entre o centro do sutiã as copas. Na maioria dos sutiãs bem como, em outras peças de roupas íntimas necessita de reforços bem ajustados, as peças devem estar fixas ou bem aderidas, mantendo as superfícies entre o tecido do forro e o tecido externo em uma tensão lisa (sem enrugados). Entre o sutiãs com cobertura total, com bojos conformados em espumas macias, redutores de volume e sutiãs com estruturas mais complexas, as copas devem ser anatômicas e não podem comprimir os seios. A forma deve conceder a plenitude dos seios, e podem ainda influenciar a maneira como um sutiã interage com sua consumidora.

A lateral da base faz a união das costas (com alças acopladas) e o centro da base, envolve o tronco para segurar o busto no sutiã. Em um sutiã apropriado para alta sustentação, grande parte do suporte virá da lateral da base. Um sutiã bem projetado deve combinar impecavelmente o contorno do aro na base com o contorno do aro na copa, tornando o encaixe o mais compatível quanto possível, para garantir vestibilidade e conforto.

LATERAL DA BASE

As alças devem ajudar a prender o sutiã ao corpo, devem possuir larguras adequadas aos tamanhos da mama, mas não devem suportar o peso dos seios. As modelagens dos sutiãs devem acomodar bem os seios através das estruturas da base e copa, as alças não devem atender a necessidade de sustentação do peso dos seios, deve ser um suporte auxiliar, do contrário podem causar dores lombares e nos ombros, contribuindo para a má postura e desconforto nos ombros, em suma as alças são totalmente e parcialmente ajustáveis.

ALÇAS

A estrutura desenvolvida com aro metálico trata-se do suporte mais tradicional indicado para sutiãs de leve, média e alta sustentação, por ser um sistema que fornece suporte e adequação das formas.

ESTRUTURA COM ARO

Fonte: elaborada pela autora

Figura 49 – Ilustração de estrutura de sutiã para alta sustentação

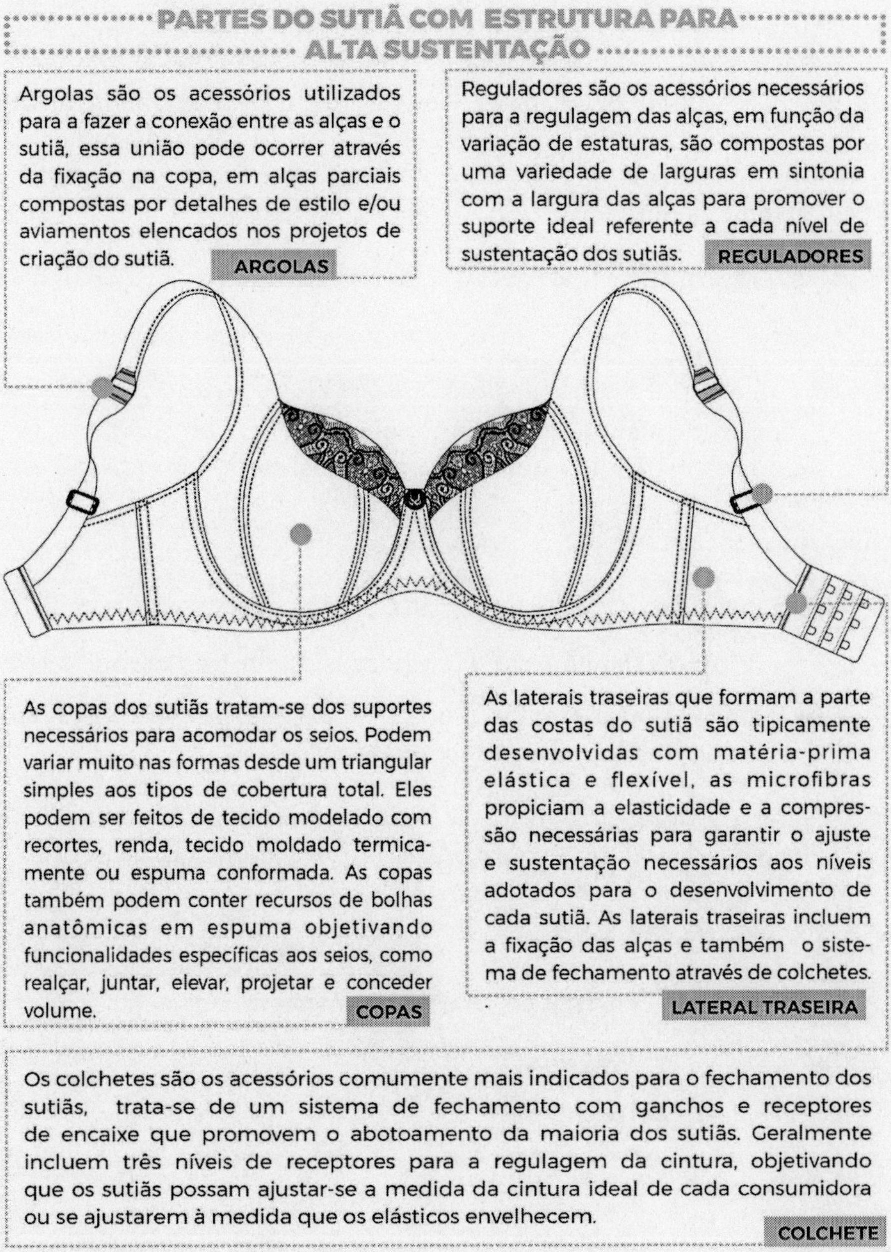

Fonte: elaborada pela autora

5.5 AS PRINCIPAIS ESTRUTURAS QUE CARACTERIZAM OS SUTIÃS

Algumas estruturas podem abraçar várias formas e navegar entre categorias, um exemplo de uma estrutura com essa pluralidade são os *bralettes*, que se tratam de peças frequentemente de leve sustentação, que trazem como características principais um suporte projetado por intervenção de uma modelagem que dispensa o aro metálico e o bojo conformado (bojo com enchimento em espuma), no entanto, o *bralette* pode abranger várias formas como triangular, *demi*, *t-shirt*, regata, *bandeau*, cobertura total chegando até as formas mais conceituais como o sutiã gargantilha.

5.5.1 *Bralette*

Essa estrutura ainda é pouco popular entre as consumidoras brasileiras e pouco conhecida por seu nome original. Mesmo tendo uma adesão incomparável com outras estruturas, os *bralettes* tem sido cada vez mais procurados, devido três fatores:

- gostos particulares;
- reflexos do movimento da aceitação do próprio corpo;
- mulheres que aderem às próteses de silicone, por ser considerado uma peça extremamente confortável.

Aqui selecionamos alguns questionamentos de consumidoras, vendedoras e revendedoras sobre os sutiãs, uma sequência de perguntas e repostas em que visamos esclarecer.

Quem veste?

- Pré-adolescentes com seios em fase de crescimento;
- Mulheres com seios pequenos;
- Consumidoras com seios firmes;
- Público que dispensam o uso de peças com estruturas mais elaboradas para a sustentação;
- Mulheres que possuem próteses de silicone e que são adeptas de peças leves.

Essa estrutura se adequa à quais consumidoras?

> Trata-se de uma estrutura que dialoga com sutiãs desde o estilo básico e sem costura até as linhas mais sensuais compostas por renda, tules e outros insumos.

Quando outras consumidoras podem fazer uso contínuo?

> Trata-se de uma peça ideal para o uso durante o repouso do sono, especialmente por ter estruturas flexíveis, o que permite melhor liberdade de movimentos, sobretudo, quando indicado por médicos mastologistas.

Que tecidos utilizar na composição do 'bralette'?

> Para essa estrutura é indicada a composição com tecidos finos, microfibras, sedas, transparências como tules e rendas. Tecidos com baixa gramatura são os mais adequados para essa estrutura de sutiãs.

Em que situações os 'bralettes' podem ser produzidos em tecidos para médias e altas gramaturas?

> Em sutiãs funcionais, que envolvam os níveis de média e alta sustentação, e tenham maior complexidade, como os sutiãs reforçados para o período pós-cirúrgico, com copas pré-formadas termicamente.

Quando se trata de modelagem, sustentação e vestibilidade, ter ou não ter base é um mito. O consumidor atribui uma possível má vestibilidade em decorrência da ausência da base, atribuindo uma sustentação mais eficiente aos modelos com base e formas mais robustas.

Especificidades à parte, sutiãs com base e sem base podem ser compativelmente eficientes, desde que ambos atendam as premissas de ajuste, conforto, sustentação e usabilidade, para tanto, é fundamental conhecimento técnico de modelagem e manufatura para desenvolver eficientemente as duas estruturas. Importante ressaltar que a base ou a ausência desta, trata-se de estrutura de modelagem, que contribui para a sustentação, leveza e outros atributos pertinentes da manufatura.

5.5.2 Sutiã sem base

MITO *Ter ou não ter base? Eis a questão*

Figura 50 – Ilustração de sutiã com estrutura sem base

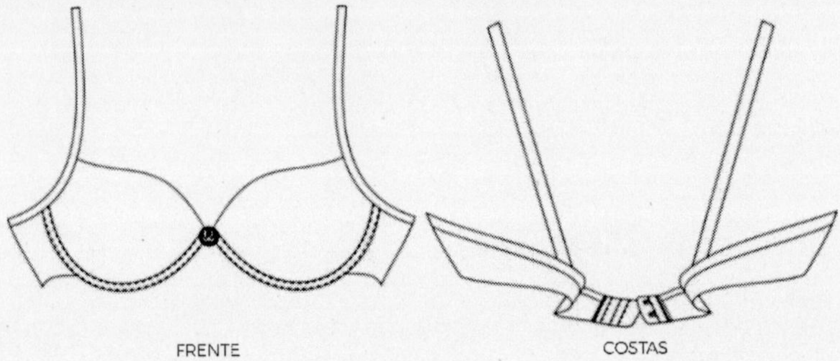

Fonte: elaborada pela autora

Frequentemente confundido com a forma, os sutiãs sem base e com base são estruturas que potencializam a sustentação.

Especificamente, o sem base trata-se de uma estrutura por vezes simplificada, ousada em outras situações e algumas vezes funcionais, como os sutiãs com abertura frontal. Em sua maioria é desenvolvido com bojo conformado, excepcionalmente pode ser projetado sem bojo conformado, contudo, exige modelagem ajustada, escolha das matérias-primas adequadas e técnica operacional impecáveis para garantir uma boa vestibilidade.

Sutiã com tamanhos grandes não podem utilizar as estruturas sem base para garantir vestibilidade?

> "Com uma modelagem eficiente, matérias-primas específicas (tecidos, bojo, aro metálico, barbatanas, etc.), é possível garantir uma excelente 'vestibilidade' para os sutiãs sem base voltados para quaisquer públicos, inclusive o '*plus size*'."

5.5.3 Sutiã com base

Figura 51 – Ilustração de sutiã com estrutura com base

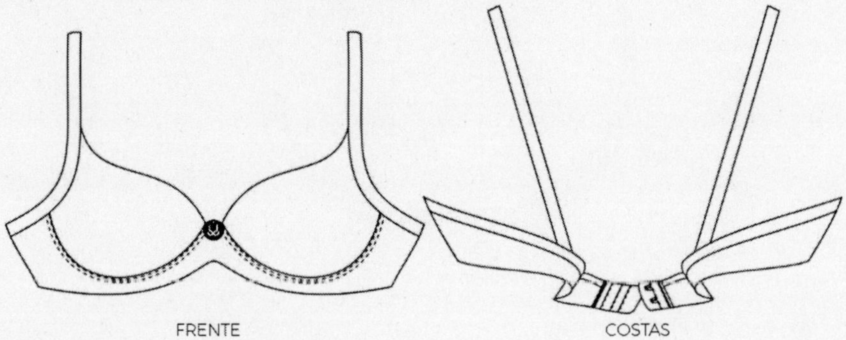

Fonte: elaborada pela autora

Indicado para todos os tamanhos de seios, adequado a todos os níveis de sustentação, o sutiã com base permite um amplo *mix* de possibilidades, trata-se de uma estruturação tradicional que permite a incorporação de modelagens e técnicas operacionais do mais simples ao mais complexo.

Se adapta facilmente as peças com e sem bojo conformado, podendo ter copas recortadas ou termicamente moldadas, com e sem aro, com e sem barbatanas. As criações de sutiãs com a estrutura de base, são em sua maioria muito eficientes quanto a ajuste e sustentação, contribuindo muito para a estética dos sutiãs, visto que propiciam uma gama de possibilidades para as criações.

5.6 AS PRINCIPAIS FORMAS QUE DIFERENCIAM OS SUTIÃS

As formas que diferenciam os sutiãs estão variavelmente associadas a cobertura da copa em relação ao quadrante dos seios, havendo sutiãs que cobrem ¼ de quadrante dos seios, 2/4 de quadrante dos seios, ¾ de quadrante dos seios e 4/4 de quadrante dos seios, conforme ilustrado na Figura 52.

Figura 52 – Ilustração do quadrante da copa dos seios

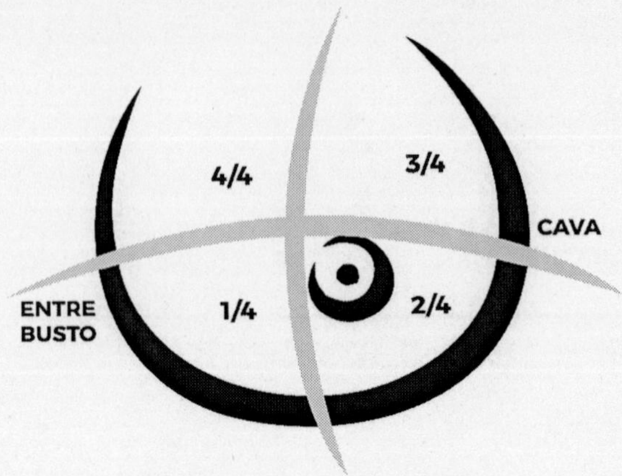

Fonte: elaborada pela autora

São poucas as exceções de sutiãs não caracterizados pela forma ou cobertura dos seios, estas quando ocorrem, estão relacionadas funcionalidades específicas (sutiã *multi* - alças e sutiã para amamentação) e referências de moda do vestuário feminino (sutiã regata e sutiã gargantilha).

5.6.1 Triângulo

Figura 53 – Ilustração de sutiã na forma triângulo

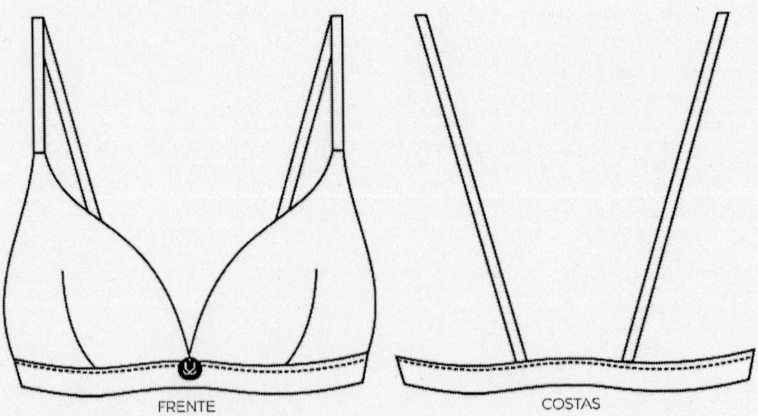

Fonte: elaborada pela autora

As *lingeries* no formato triângulo, podem ser produzidos com ou sem bojo conformado. Este não tem a função de aumentar o volume dos seios, contudo, alguns fornecedores de bojos conformados dispõem de modelos com bolhas anatômicas que realçam a forma dos seios.

Os sutiãs triangulares com estrutura *bralette* atendem ao nível de leve sustentação. Os triangulares com bojo atendem aos níveis de leve a média sustentação, sendo possível também para o nível de alta sustentação, contudo, exige bojos conformados e manufaturas mais complexas, bem como tecidos específicos, sejam nas composições, gramaturas e beneficiamentos, além de barbatanas como suporte lateral e reforços estratégicos, todos esses elementos devem ser analisados conforme o perfil do consumidor e o DNA da marca.

5.6.2 *Exposé*

Figura 54 – Ilustração de sutiã na forma *exposé*

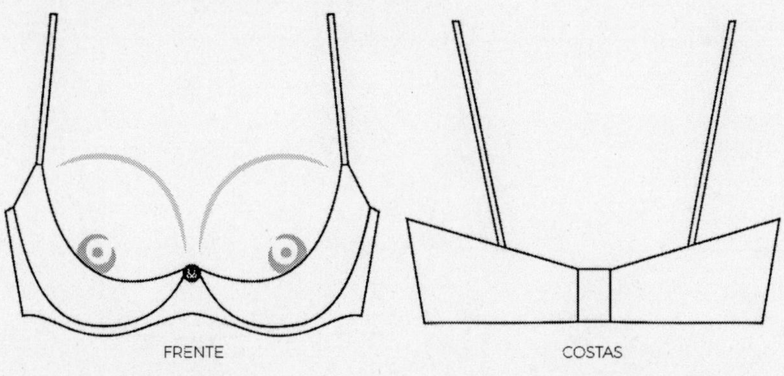

Fonte: elaborada pela autora

Traduzido do francês, *exposé* significa exposto, denominação concedida aos sutiãs com cobertura de copa correspondente a aproximadamente ¼ de quadrante dos seios conforme ilustrado na Figura 55. Trata-se de uma peça voltada para o estilo erótico, sendo a principal característica dessa peça a exposição do mamilo. Exige modelagem ajustada para garantir a sustentação e projeção dos seios. Esse tipo de sutiã pode ser desenvolvido com e sem bojo conformado.

Figura 55 – Ilustração quadrante da copa dos seios

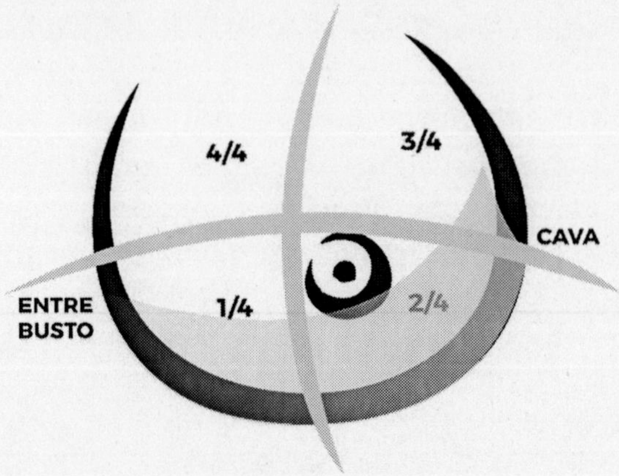

Fonte: elaborada pela autora

5.6.3 *Balconnete*

Figura 56 – Ilustração de sutiã na forma *balconette*

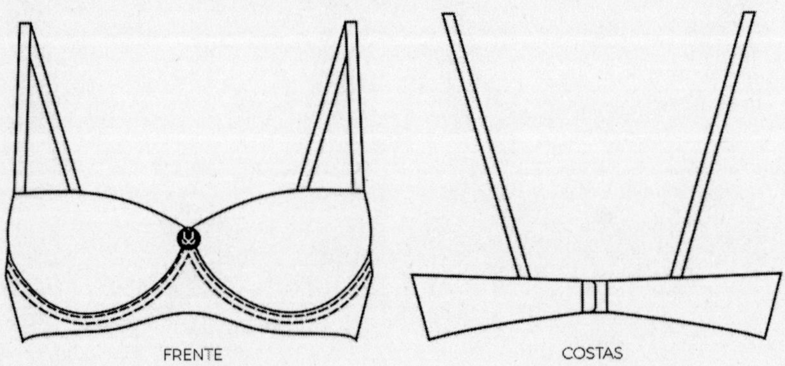

Fonte: elaborada pela autora

O *balconnete* impulsiona os seios para cima, com efeito semelhante ao dos espartilhos antigos. Pode ou não ter bojo, contudo, exige aro metálico ou barbatanas, e quando desenvolvido peças sem bojo conformado exige uma rigorosa modelagem.

Figura 57 – *Soutien-balconnete*

Fonte: elaborada pela autora

Traduzido do francês, *balconnete* significa varanda, denominação concedida aos sutiãs de decote reto, com cobertura de copa correspondente 2/4 de quadrante dos seios conforme Figura 58. Trata-se de uma peça extremamente justa que evidencia e projeta o busto para cima.

Para garantir uma boa vestibilidade são recomendados para o desenvolvimento de sutiãs os níveis de leve e média sustentação, tendo o uso indicado para seios pequenos e médios.

Figura 58 – Ilustração quadrante da copa dos seios

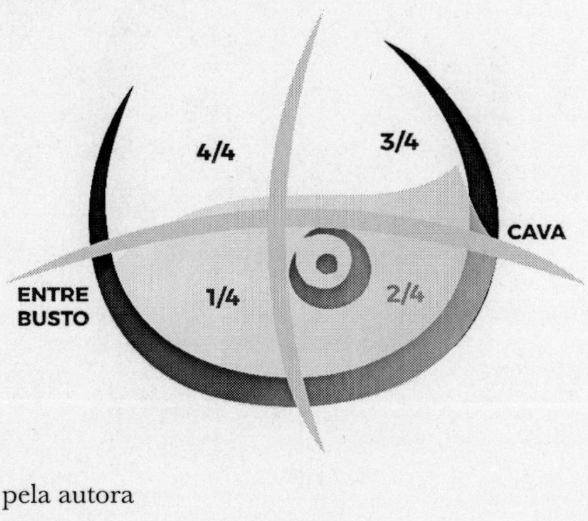

Fonte: elaborada pela autora

5.6.4 Meia taça ou *Demi*

Figura 59 – Ilustração de sutiã na forma *demi*

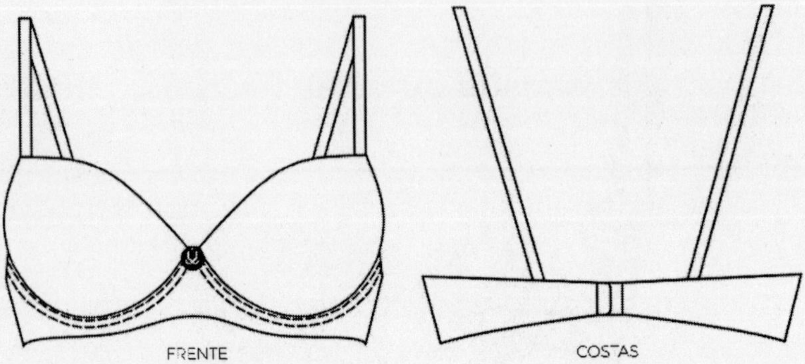

Fonte: elaborada pela autora

O *demi* ou meia taça tem cobertura de copa correspondente ¾ de quadrante dos seios conforme Figura 60, trata-se de uma configuração estética do sutiã que cobre parcialmente os seios, refere-se a uma forma intermediária entre o *balconnete* e os sutiãs de cobertura total.

Figura 60 – Ilustração quadrante da copa dos seios

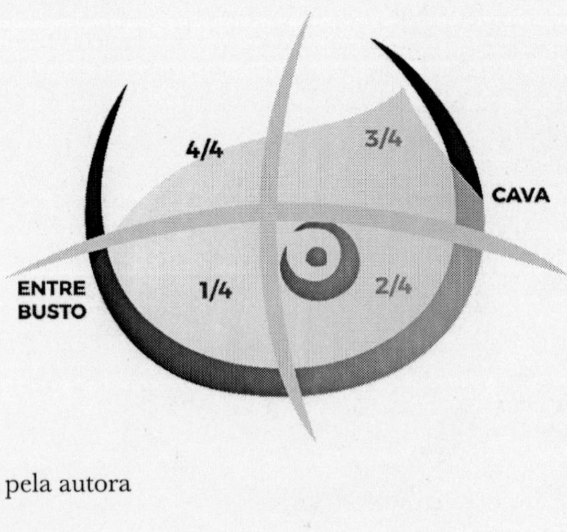

Fonte: elaborada pela autora

O sutiã meia taça ganhou notoriedade entre as consumidoras, muito apreciado entre o público feminino, especialmente por vestir bem, cobrindo e descobrindo o busto na medida certa, tendo um desenho mais tradicional e comercial. A denominação *demi* é técnica e está relacionada a tradução literal da expressão francesa *demi-tasse*, que significa meia taça.

Um sutiã desenvolvido para atender a média e a alta sustentação, e garantir o suporte dos seios.

5.6.5 Cobertura total

Figura 61 – Ilustração de sutiã na forma Cobertura total

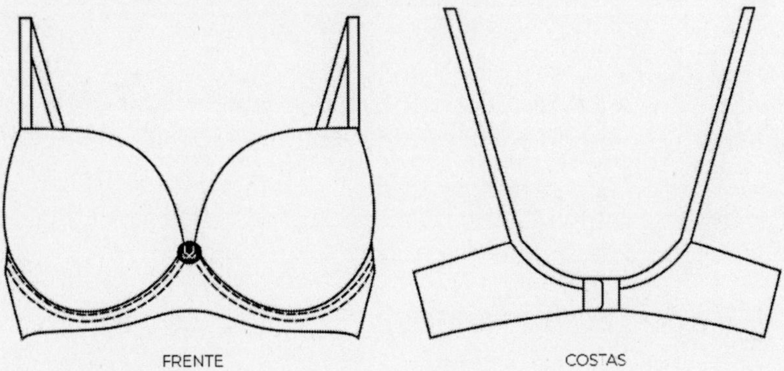

Fonte: elaborada pela autora

O sutiã cobertura total é uma peça-chave da moda íntima feminina quando o assunto é sustentação para tamanhos grandes.

Figura 62 – Ilustração quadrante da copa dos seios

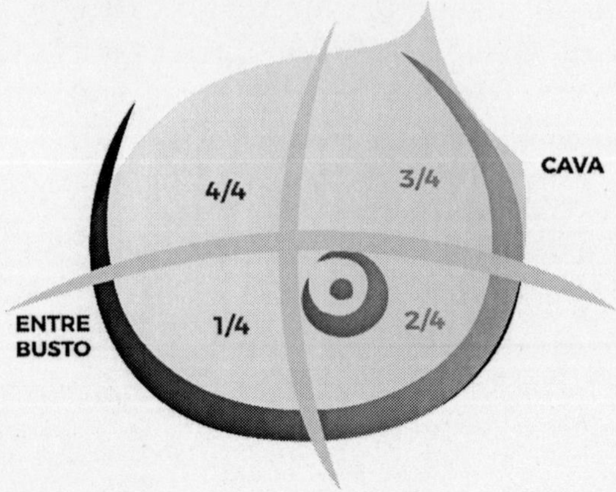

Fonte: elaborada pela autora

Essa categoria de *lingerie*, como o próprio nome diz, cobre totalmente a copa dos seios, tem cobertura de copa correspondente 4/4 de quadrante do busto conforme figura 62. Frequentemente tem as laterais mais largas e reforçadas, trazendo estruturas como barbatanas, colchetes largos e tecidos com maior poder de compressão, além disso, podem ser produzidos com e sem bojo conformado.

5.6.6 *Bandeau* ou faixa

Figura 63 – Ilustração de sutiã na forma *bandeau*

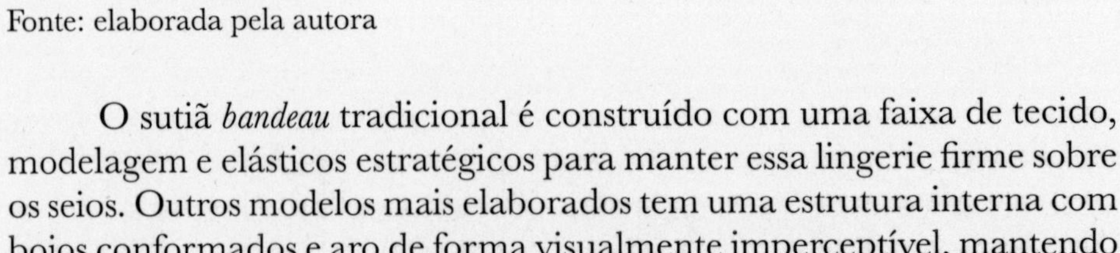

Fonte: elaborada pela autora

O sutiã *bandeau* tradicional é construído com uma faixa de tecido, modelagem e elásticos estratégicos para manter essa lingerie firme sobre os seios. Outros modelos mais elaborados tem uma estrutura interna com bojos conformados e aro de forma visualmente imperceptível, mantendo os seios firmes e erguidos. Criado para ser usado com tops ou vestidos com decotes pronunciados ou sem alça, de maneira que não fique aparente.

5.6.7 *Strapless* ou alças removíveis

Figura 64 – Ilustração de sutiã na forma *strapless*

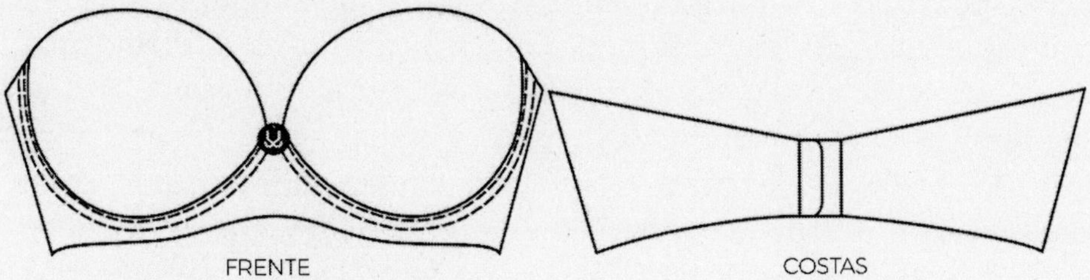

Fonte: elaborada pela autora

Os sutiãs *strapless* ou com alças removíveis (sem alças), também podem ser produzidos sem base, porém nesse caso, exigem o bojo conformado como insumo essencial, em função da forma pré-definida com profundidade e contorno do aro compatíveis, elementos que contribuem para firmeza e boa sustentação.

5.6.8 Decote profundo ou *Plunge*

Figura 65 – Ilustração de sutiã na forma *plunge*

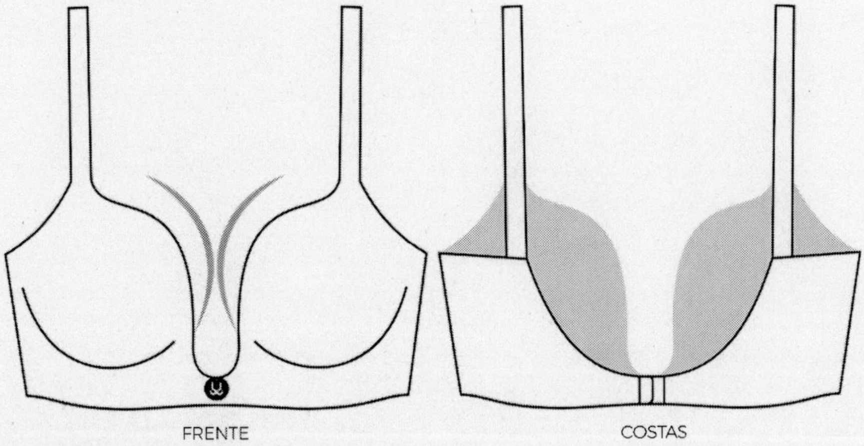

Fonte: elaborada pela autora

O sutiã decote profundo, como a forma já denuncia, trata-se de uma *lingerie* com base estruturada e decote no centro dos seios que pode chegar até a linha da circunferência do tórax logo abaixo dos seios.

O desenvolvimento dessa peça pode variar conforme as classificações, podendo ser utilizado para estruturar o bojo conformado com modelagem pré-definida, aros metálicos em forma de V e U. A principal função dessa peça é dar sustentação aos seios durante o uso de roupas com decotes ousados e profundos.

Em uma tradução literal, *plunge* significa "mergulho" uma expressão que assim como o "tomara que caia", traz uma conotação sexista e machista. Sendo utilizada pelo expectador (outra pessoa que observa), que mergulha o olhar para alcançar a profundidade do decote. Contudo, diante dos movimentos que conduzem a nossa sociedade, determinadas expressões que identificam produtos estão sendo ajustados e modernizados, acompanhando os temas e avanços sociais discutidos conforme as exigências das consumidoras contemporâneas, as denominações se relacionam com a função do produto.

5.6.9 Regata ou "Y"

O formato em "Y" nas costas do sutiã regata caracteriza esse modelo, comumente denominado sutiã nadador por sua semelhança estética com as roupas de natação que trazem cava regata. Nesse sentido, a expressão é popular e equivocada, pois não pode ser denominado por uma função que não atende, afinal, sutiã não nada.

Figura 66 – Ilustração de sutiã na forma regata ou "Y"

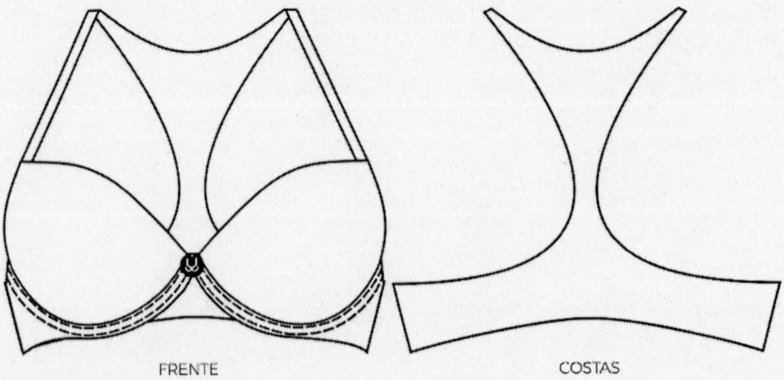

Fonte: elaborada pela autora

Trata-se de uma *lingerie* com volume de venda irregular, pois sua comercialização é sazonal, relacionando-se com clima e tendências de moda, onde os volumes de produtos vendidos com maior expressividade ocorrem durante o verão, quando as roupas são mais cavadas.

O maior benefício do sutiã de costas regata é sua modelagem ergonômica, que posiciona o peso dos seios para o centro das costas diminuindo o desconforto nos ombros e contribuindo para alinhar a postura. Principalmente em sutiãs com tamanhos grandes, nos quais os seios são volumosos e pesados.

Outro atributo importante é garantir maior liberdade para os movimentos do braço. São *lingeries* que podem ter fecho frontal, lateral e traseiro o que ocorre conforme o design e a função atribuída para a peça.

Ser regata é sua principal característica, no entanto, esse modelo é coordenado com formas e estruturas que vestem os seios, podendo variar entre o triangular, o *demi* e o cobertura total, nesse sentido, sua estética pode variar conforme as classificações de conceito, categorias e simbolismo do produto criado.

5.6.10 Gargantilha

Os diversos tipos de *lingeries* com a forma gargantilha, podem ser desenvolvidos com as estruturas *bralette*, com e sem bojo conformado, com e sem base, bem como todos os níveis de sustentação para os seios.

Figura 67 – Ilustração de sutiã na forma gargantilha

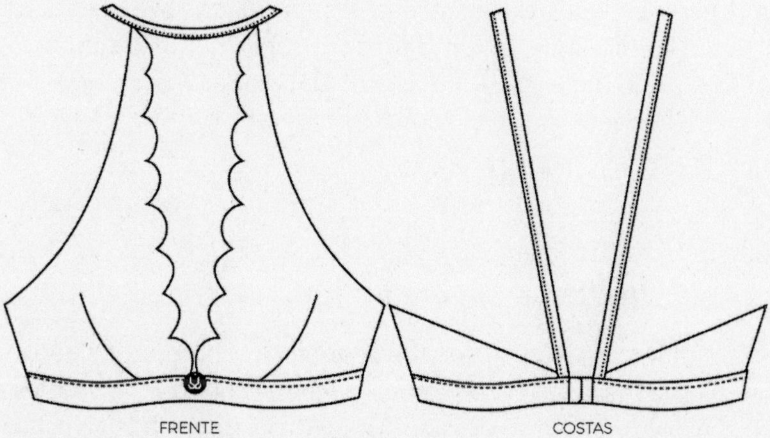

Fonte: elaborado pela autora

Sua principal característica é uma extensão de renda que se prende ao pescoço em uma gola semelhante a gola de padre, dando a impressão de uma gargantilha. Os sutiãs gargantilhas podem compor coleções em várias categorias de produto, somado a isso, a própria forma e estilo empresta simbolismo para linhas *outwear,* assim como, os conceitos sensuais e eróticos.

5.6.11 Esportivo

Figura 68 – Ilustração de sutiã na forma esportivo

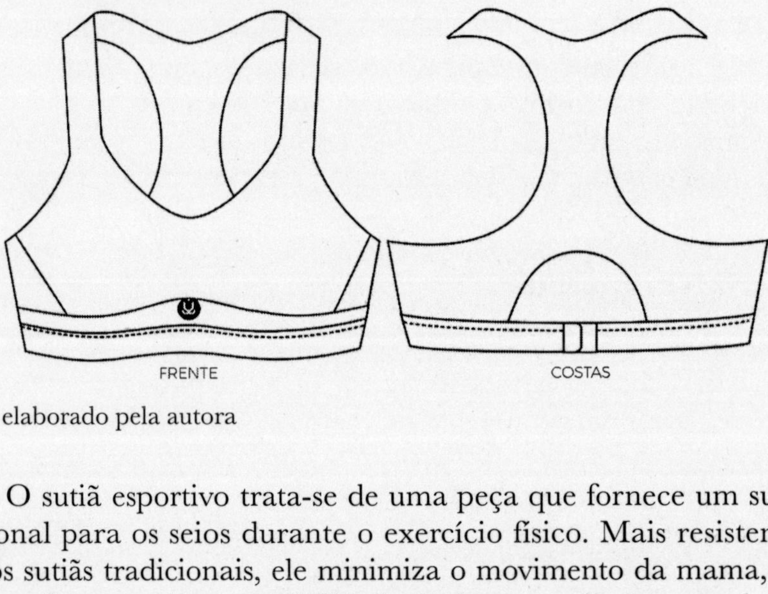

Fonte: elaborado pela autora

O sutiã esportivo trata-se de uma peça que fornece um suporte adicional para os seios durante o exercício físico. Mais resistente do que os sutiãs tradicionais, ele minimiza o movimento da mama, alivia o desconforto e reduz a possibilidade de danos nos ligamentos do peito.

5.7 EFEITO *vs.* FUNÇÃO

5.7.1 *Push-up*

As formas e as funções dos sutiãs são frequentemente confundidas, um exemplo disso são os sem base e os *push-ups.* Isso acontece por uma falha de interpretação que associa a estrutura dos sutiãs sem base, aos sutiãs com efeito *push-up*, o que é um engano, visto que um sutiã estruturado sem base não determina que este cumprirá a função de projetar, juntar e elevar os seios, que é o atributo do *push-up*, se sua modelagem não estiver projetada para essa função.

Figura 69 – Ilustração de sutiã com efeito *push-up*

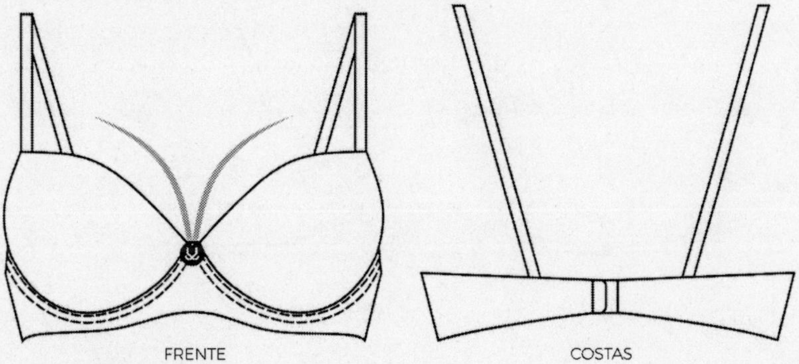

Fonte: elaborada pela autora

Sua denominação é uma expressão do inglês que traduzida significa 'juntar', 'projetar' e 'levantar', portanto, um efeito que requer modelagem e ângulo específico associado ao bojo conformado, podendo ou não ter bolhas com espumas adicionais, de modo a promover visualmente o aumento do volume dos seios durante o uso.

Por conseguinte, várias peças da *lingerie* podem ter a função *push-up*, sutiãs, tops, *croppeds*, camisetes, *bodies* e até *baby-doll*, *short-doll e* camisolas.

5.7.2 *Multi* alças

O sutiã *multi* alças é ideal para ser usado com roupas dotadas de decotes diferenciados, transparência ou abertas nas costas, em sintonia com roupas que pedem sutiãs com múltiplas alças, para adaptar-se a variedade dos decotes, podem ser básicos e discretos em cores tons da pele ou com detalhes para aparecerem de forma sofisticada, em cores clássicas como o preto e as cores da tendência da estação vigente.

Trata-se de um sutiã estruturado, em geral, com bojo conformado, aro metálico e alças com medidas específicas para um perfeito ajuste no corpo.

Figura 70 – Ilustração de sutiã na função *multi* alças

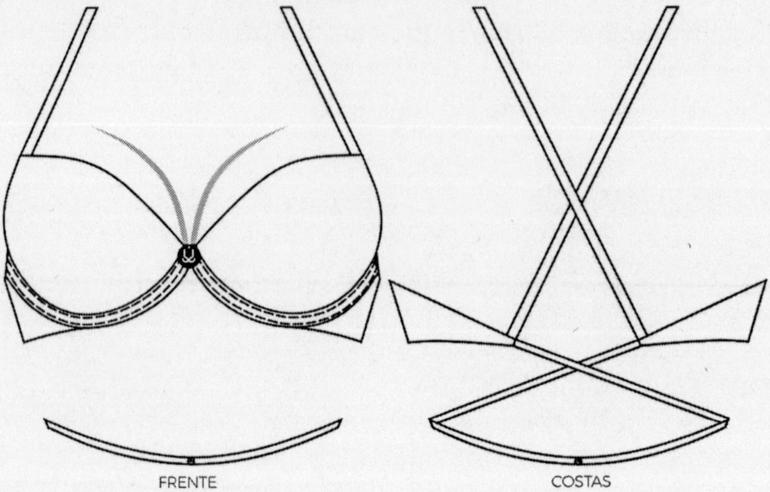

Fonte: elaborada pela autora

5.7.3 Redutor ou *Minimizer*

Figura 71 – Ilustração de sutiã na função *minimizer*

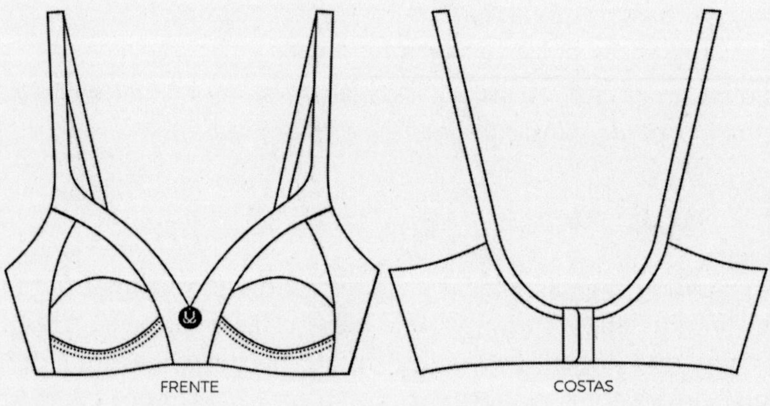

Fonte: elaborada pela autora

Sutiãs com a função redutoras são indicados para mulheres com seios fartos e pesados que primam por maior sustentação e conforto durante o uso diário, bem como durante a prática de esportes e atividades ao ar livre.

Geralmente são modelos sem aro, com e sem bojo conformado, tecidos com maior percentual de elastano e maior *power*, traz laterais e alças mais largas, que proporcionam mais sustentação e maior conforto.

5.7.4 Amamentação

Os sutiãs com a função de amamentar são compostos por uma base estruturada; as laterais são largas; as copas são duplas, sendo a copa interna um suporte para sustentar e firmar os seios, com abertura funcional e anatômica para o momento da amamentação; a copa externa veste o seio, cobrindo e sustentando-o; tecidos com maior *power*, colchetes largos, alças reguláveis com largura de 18mm em compatibilidade com fivela destacável de efeito clique para desconectar a copa externa durante a amamentação.

Figura 72 – Ilustração de sutiã na função amamentar

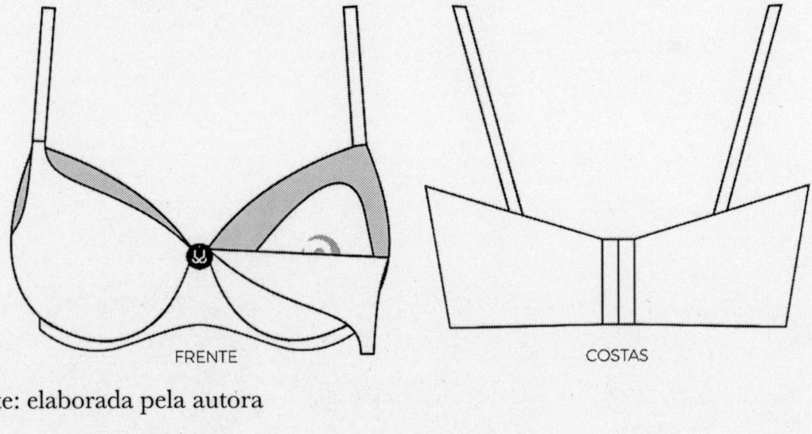

Fonte: elaborada pela autora

5.7.5 Sutiãs para mulheres mastectomizadas

Os sutiãs para mulheres mastectomizadas trazem internamente na copa um suporte com abertura lateral semelhante a um bolso conforme

Figura 73, um recurso de modelagem que visa receber uma espécie de prótese removível representada na Figura 74, que tem a finalidade de propiciar relativa simetria para o volume dos seios e compensar o peso da mama removida; o modelo traz duas versões para colocar a prótese, sutiã com suporte para mama esquerda e sutiã com suporte para mama direita; as laterais são largas; os tecidos necessitam ter recursos tecnológicos para maior conforto e bem-estar; os acabamentos também precisam ser mais suaves, visto que a remoção das mamas torna a área da remoção mais sensível.

Figura 73 – Ilustração de sutiã para mastectomizadas

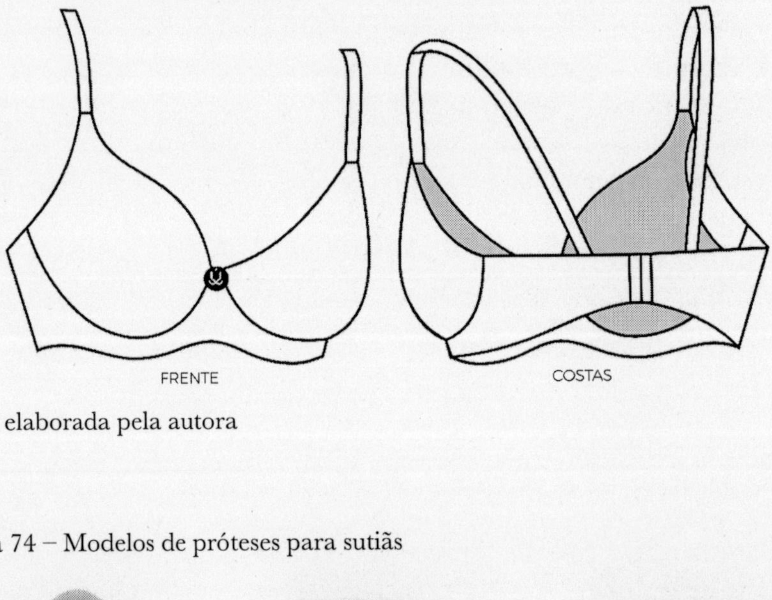

Fonte: elaborada pela autora

Figura 74 – Modelos de próteses para sutiãs

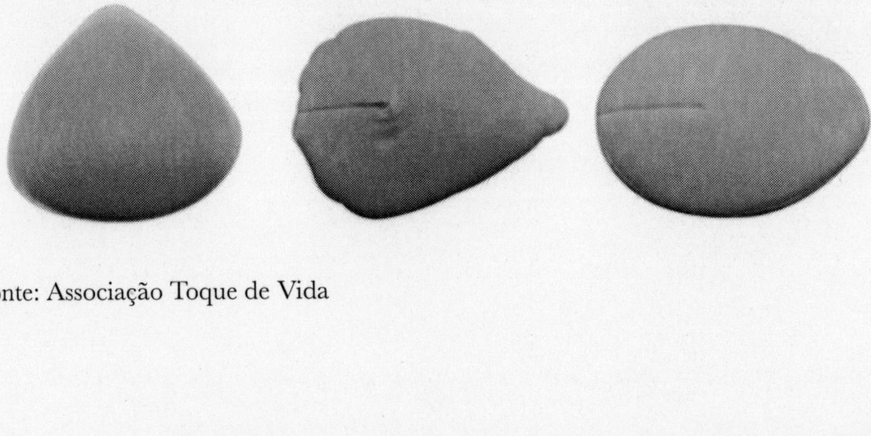

Fonte: Associação Toque de Vida

Figura 75 – Ilustração de sutiã para mulheres mastectomizadas

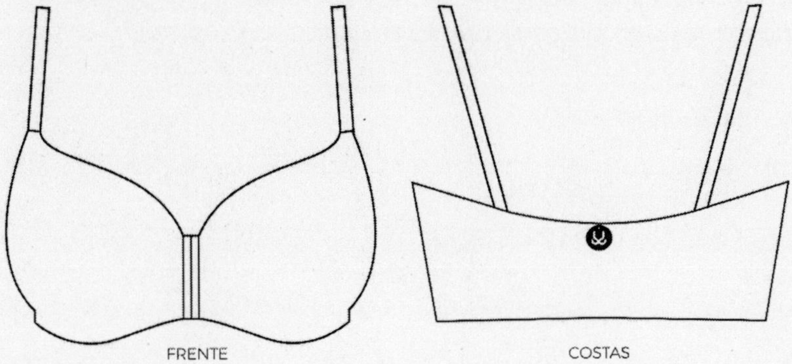

Fonte: elaborada pela autora

Para as mulheres em que a mastectomia veio acompanhada da oncoplastia mamária, os cuidados na escolha dos sutiãs devem ser os mesmos, conforme já expomos, as matérias-primas precisam ter maiores recursos em benefício do conforto e do bem-estar, além da área removida ser mais sensível, algumas mulheres podem ficar com algumas limitações nos movimentos dos braços, exigindo maiores recursos para o fechamento do sutiã, com modelos de abertura no centro dos seios conforme ilustrado na Figura 75.

5.8 AS FORMAS QUE VESTEM PARCIALMENTE O CORPO: DO *CROPPED* AO *BODY*

Quando se trata da diversidade de biotipos, ao falarmos de peças que vistam parcialmente o corpo, logo lembramos das formas das silhuetas, cujas *lingeries* funcionais são de uso cotidiano, seja para conter aquela "gordurinha" a mais no vestido de festa ou disfarçar a transparência nas roupas no dia a dia.

O fato é que a diversidade dos corpos exige pluralidade no que se refere aos tipos e formas das *lingeries*.

5.8.1 *Shorts*

No vestuário em geral, os calções ou *shorts* são peças de roupa tanto masculino quanto feminino, ausentes de bolsos, normalmente menor do que uma bermuda e ajustado à cintura por elásticos e por um cordão.

São peças que por característica tem altura da cintura até as virilhas. Atualmente, a altura é mais baixa, localizada um pouco abaixo da cintura, chegando até o meio da coxa ou até próximo aos joelhos.

Figura 76 – Ilustração de *short*

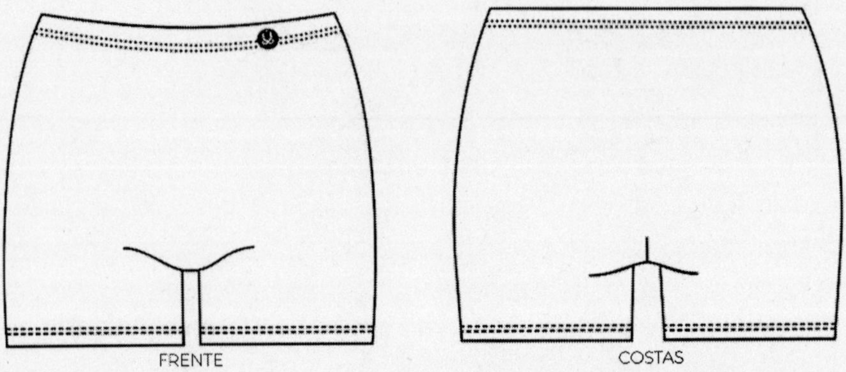

Fonte: elaborado pela autora

Em *lingeries*, os *shorts* têm função de segunda pele objetivando modelar suavemente o corpo, de modo a evitar marcas ou transparências sob o uso de outras roupas do vestuário.

5.8.2 Camiseta, *camisete* ou *T-shirt*

Em outros segmentos da moda, a camiseta é caracterizada por uma pequena camisa. Trata-se de uma peça curta, sem gola ou abertura frontal, com ou sem mangas curtas, geralmente produzida em malha, usada diretamente sobre a pele, como traje informal, e às vezes sob uma camisa ou blusa.

Figura 77 – Ilustração da camisete

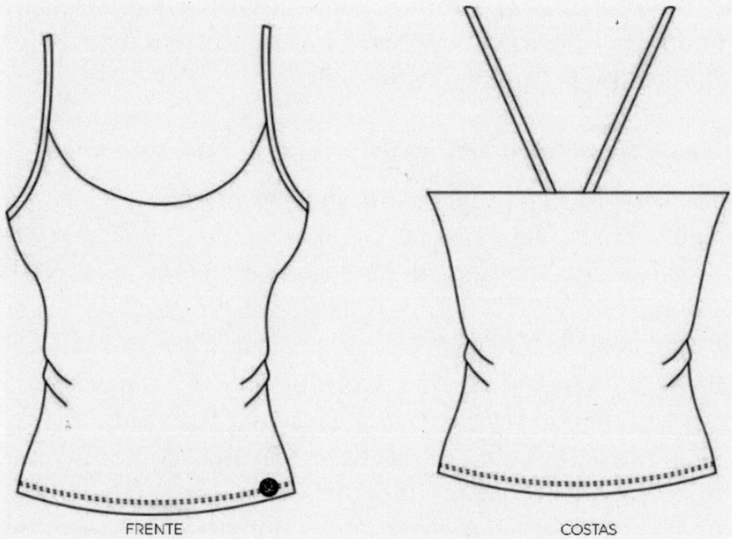

Fonte: elaborada pela autora

No estrangeirismo, *camisete* e *t-shirt* tem a mesma descrição de uma camisa pequena. Em *lingerie*, trata-se de uma peça com atributos de segunda pele, usada com roupa informal e sob outros trajes.

5.8.3 *Cropped*

Figura 78 – Ilustração do *cropped*

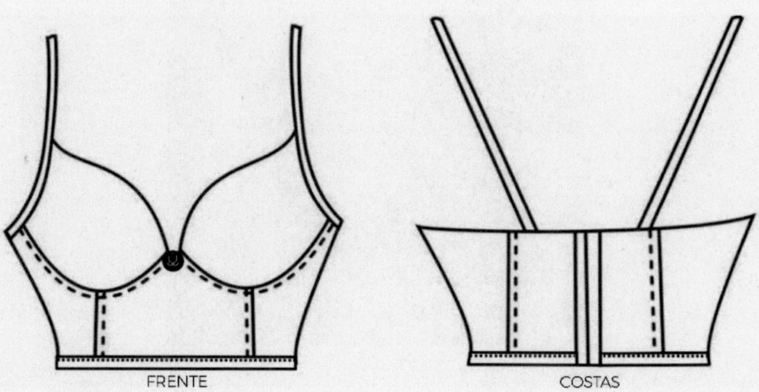

Fonte: elaborada pela autora

Traduzido do inglês, *cropped* trata-se de um 'top curto', sendo uma peça que expõe a cintura, o umbigo ou o abdômen. Em moda íntima, os *croppeds* podem ser peças de leve, média e alta sustentação, dependendo da estrutura adotada ou projeto de estilo.

5.8.4 Corpete, *Corset,* Espartilho e *Corselet.* Qual a diferença?

Ao falarmos dessas peças tão desejadas e consumidas, seja pelos públicos femininos ou masculinos, não há como deixar de mencionar a icônica *lingerie* criada pelo estilista francês Jean-Paul Gaultier, desenhada exclusivamente para Madonna. Símbolo do figurino da turnê *Blonde Ambition*, o *corset* que na realidade tratava-se de um *body*, com modelagem e estruturas inspiradas de um *corset*, a peça trazia um bojo com formato de cone que frequentemente é associado à rainha do *pop* Madonna. Graças a representação dessa peça para o imaginário feminino, a estreia desse figurino aconteceu na cidade de Chiba, no Japão, em 13 de abril de 1990, e seu formato fálico e erotizado deixava uma clara mensagem de empoderamento feminino ao público.

Figura 79 – Madonna e *body* figurino da turnê *Blonde Ambtion*

Fonte: Redação Vírgula (2012)[141]

[141] https://www.virgula.com.br/modaebeleza/madonna-usa-reedicao-de-sutia-cone-em-abertura-de-turne-em-telaviv/. Acesso em: 31 dez. 2021.

As mais variadas releituras desse figuro criado por Jean-Paul Gaultier foram usadas a partir do momento do show, desde apresentações sensuais e ousadas até capas e editorias de revistas como *Vogue*, *Holiday*, *Material Girl* e *Into The Groove.* Muitas divas *pop* prestaram homenagens a essa *lingerie*. Katy Perry usou um *corset* que espirrava *chantilly*, em *California Girls*, enquanto Lady Gaga customizou o seu em forma de metralhadora. O próprio Gaultier aproveitou o sucesso da peça criada e a usou para desenvolver a estética que envolve o perfume *Classique*. Em 2012, Madonna pediu ao estilista para desenvolver uma releitura da peça para o *MDNA*, sua turnê na época, que inclusive passou pelo Brasil.

Figura 80 – Madonna e *corset* figurino da turnê *MDNA*

Fonte: Redação Vírgula (2012)[142]

[142] https://www.virgula.com.br/modaebeleza/madonna-usa-reedicao-de-sutia-cone-em-abertura-de-turne-em-telaviv/. Acesso em: 31 dez. 2021.

Ana Laura Berg enfatiza os conceitos, interpretações, estruturas, estilos e formas dos *corsets* ao trazer em seu livro *Corset: interpretações da forma e da construção*[143] informação técnica, modelagem e métodos de costura de modelos como *overbust, midbust, underbust, waist cincher.* Tratando-se de uma vestimenta usada há séculos, esta peça sobreviveu as transformações do vestuário e comportamento feminino, necessitou se adequar para continuar acompanhando a mulher contemporânea, ganhando conforto e vestibilidade com novas interpretações da peça associada ao avanço tecnológico das matérias-primas.

Atualmente, continuam sendo *lingeries* frequentemente utilizadas para modelar a cintura e valorizar o busto, trazem forte apelo sensual, corpetes, espartilhos, *corsets* e *corselets* são peças de importante valor simbólico no vestuário feminino. Tratam-se de indumentárias que possuem formas e características muito semelhantes ao antigo *corset*, pelas quais, acabam sendo confundidas por muitas consumidoras que desejam vesti-las com objetivo de delinear a silhueta ou seduzir.

São peças frequentemente muito ornamentadas, arraigadas de detalhes e requintes, de modo a explorar a beleza e a sedução. Para melhor conhecermos as diferenças entre esses quatro modelos e suas finalidades, explicaremos a seguir as particularidades de cada um.

[143] BERG, Ana Laura Marchi. ***Corset:*** interpretações da forma e da construção. São Paulo: Editora Senac, 2015.

Corpete

Figura 81 – Ilustração do corpete

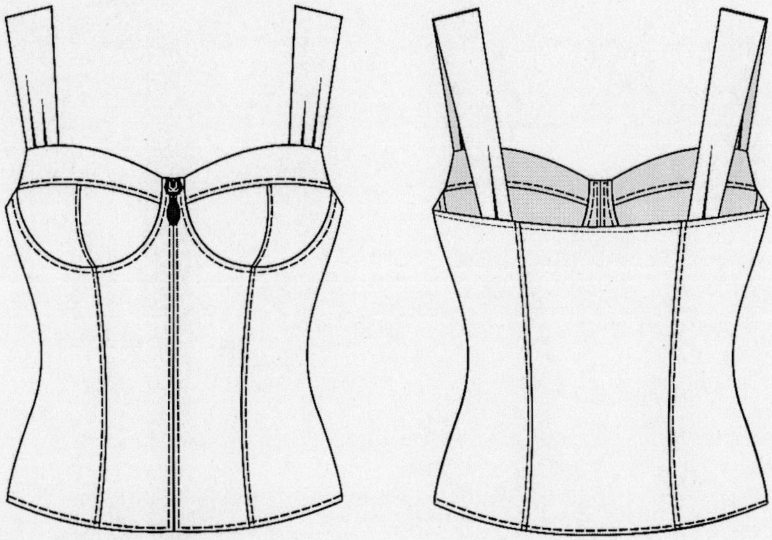

Fonte: elaborada pela autora

Possivelmente a opção mais democrática entre os quatro modelos, o corpete não se trata de uma peça de *lingerie*, pelo contrário, ele é aquela versão que faz a adaptação do *underwear* para o *outwear*. Seu decote amplo e ajustado ao corpo valoriza o busto feminino, fazendo dessa uma opção a ser considerada por mulheres com busto pequeno. Muitas consumidoras usam como blusa em composição com saias, calças jeans ou outras peças de alfaiataria.

Corset

Figura 82 – Ilustração do *corset*

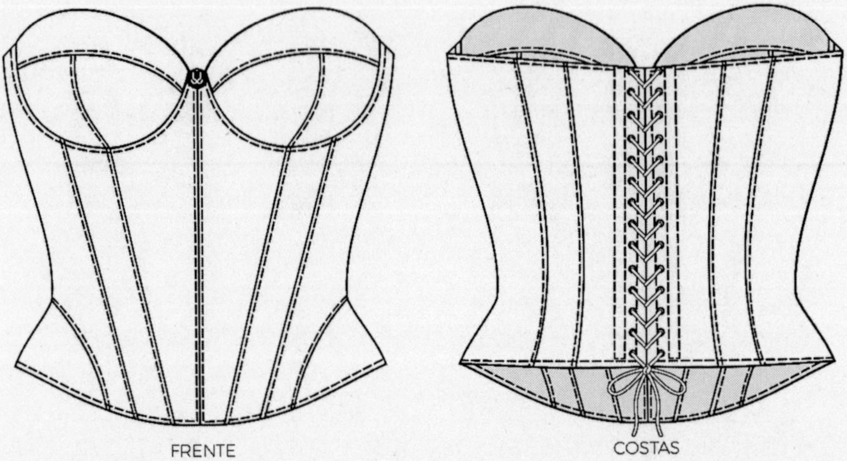

Fonte: elaborada pela autora

Em *lingerie*, o *corset* tem sua base bastante similar à do corpete. Contudo, traz uma estrutura firme e rígida, resultante tanto da sobreposição ou colagem de tecidos e entretelas, quanto da inserção de barbatanas para a sustentação, que confere a principal diferenciação entre essas duas peças. Pode ser sobreposto em blusas e tops, de modo a definir e afinar a cintura.

Corselet

De modelagem mais leve e de ares mais casuais, o *corselet* é, entre os quatro modelos aqui destacados, aquele que se mostra o mais atual e menos rígido. Ainda que acinturado, ele não foi desenvolvido com a finalidade de reduzir medidas como o *corset,* podendo ser encontrado em variações fetichistas elaboradas com barbatanas de plástico e confeccionadas em diversas espécies de malhas.

Figura 83 – Ilustração do *corselet*

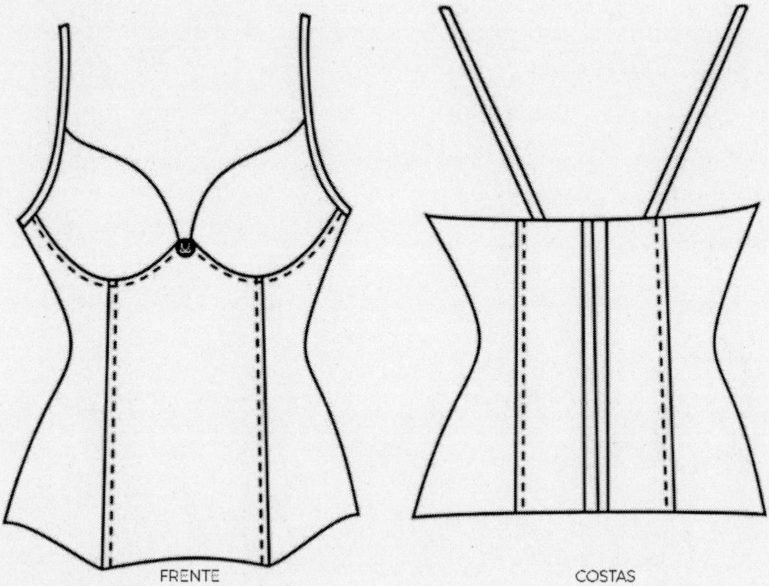

Fonte: elaborada pela autora

Espartilho

O espartilho contemporâneo é a versão mais fetichista de todos os quatro, tendo sido inspirado nos antigos *corsets*, traz um visual *sexy*, sua estrutura em semelhança com o *corselet* confere maior leveza.

Figura 84 – Ilustração do espartilho

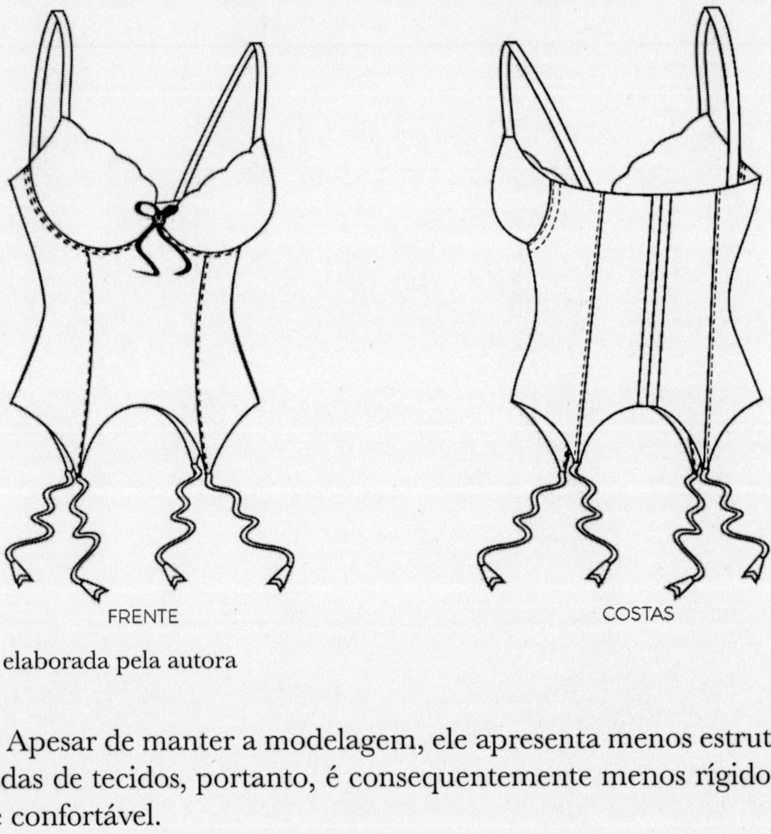

Fonte: elaborada pela autora

Apesar de manter a modelagem, ele apresenta menos estruturas e camadas de tecidos, portanto, é consequentemente menos rígido, mais leve e confortável.

5.8.5 *Bodysuit ou body*

O *bodysuit* ou simplesmente *body*, trata-se de uma peça que cobre o tronco até os entrepernas. O *bodysuit* pode ter mangas, golas e decotes variados. Em roupas íntimas, ser adotado todos os conceitos e níveis de compressão. Azzedine Alaia e Donna Karan ajudaram a tornar o *bodysuit* um *hit* dos anos oitenta para homens e mulheres.

Figura 85 – Ilustração do *body*

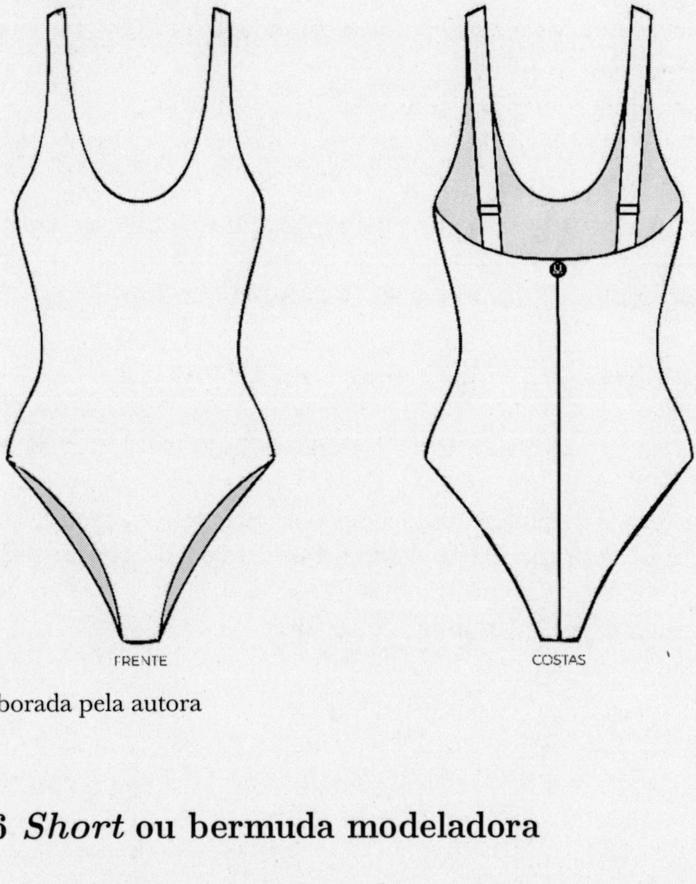

Fonte: elaborada pela autora

5.8.6 *Short* ou bermuda modeladora

Figura 86 – Ilustração da bermuda modeladora

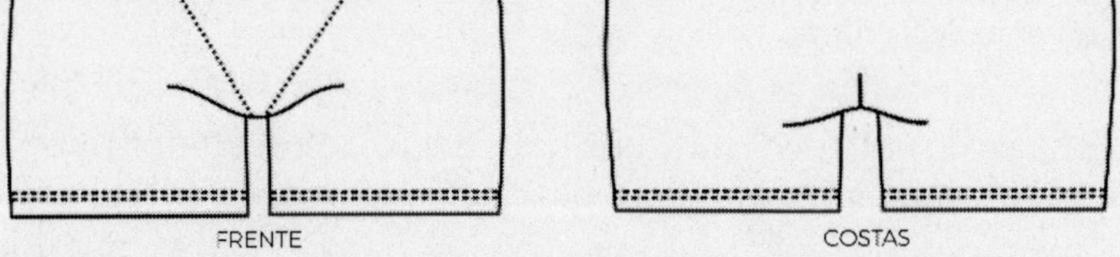

Fonte: elaborada pela autora

Ideal para quem quer minimizar a aparência das "gordurinhas" extras na região do abdômen e das pernas, a bermuda modeladora ajuda a comprimir a área, deixando o corpo mais harmônico e curvilíneo.

Trazem reforço frontal para contribuir com a compressão sob a região abdominal, além de *micropower* com variações de gramatura, de modo a possibilitar níveis de compressão. Elásticos estruturados e outros insumos podem contribuir para potencializar esse artigo, de produto.

Quanto em altura, quando curtos chegando até a metade da coxa são denominados *shorts* modeladores, quando mais longo chegando até a altura dos joelhos recebem a nomenclatura de bermuda.

5.8.7 *Cinturita*: cinta faixa modeladora

Trata-se de uma cinta em forma de faixa abdominal, há uma variedade de formas da *cinturita*, desde faixas duplas em tecido *power* com forma reta até as mais elaboradas com elásticos internos, aplicação de barbatanas e abotoamento reforçado. O nível de compressão dessa cinta está associado a quantidade de barbatanas e os recursos adotados na manufatura, além da escolha do tecido.

Figura 87 – Ilustração da cinta faixa modeladora

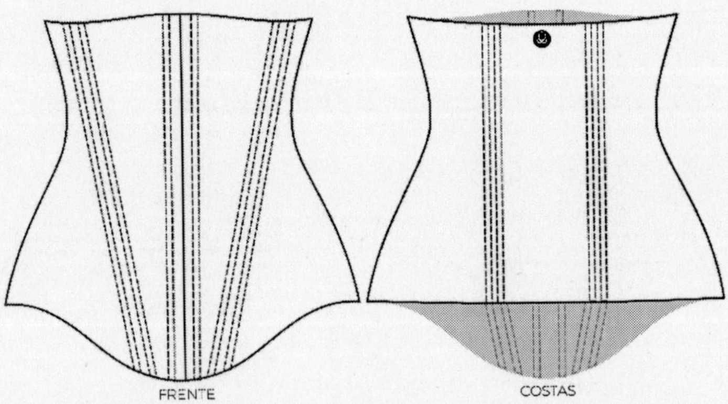

Fonte: elaborada pela autora

Trata-se de uma peça indicada para quem deseja comprimir o abdômen, flancos, cintura, bem como, busca a melhoria da postura. Muitas marcas afirmam que o uso contínuo promove a redução de medidas, no entanto, trata-se de uma adequação do tecido adiposo.

5.8.8 *Camisete* modeladora *bralette*

A *camisete bralette* modeladora, é uma espécie de cinta feminina, com copa que pode ser termicamente moldada, ou com recursos de modelagem e costura para adaptar-se na forma dos seios. Trata-se de uma peça que objetiva a redução de medidas e compressão da barriga, disfarça as "gordurinhas" indesejadas e modela a silhueta. Recortes estratégicos, reforços e tecidos *powers* contribuem para a correção da postura e o alívio das dores lombares.

Figura 88 – Ilustração da *camisete bralette* modeladora

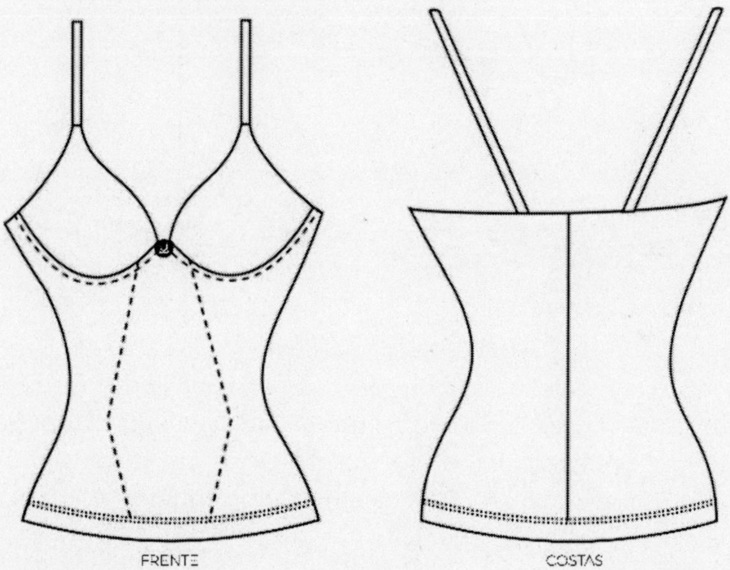

Fonte: elaborada pela autora

5.8.9 *Camisete* modeladora com bojo *demi*

Figura 89 – Ilustração da *camisete* modeladora com bojo *demi*

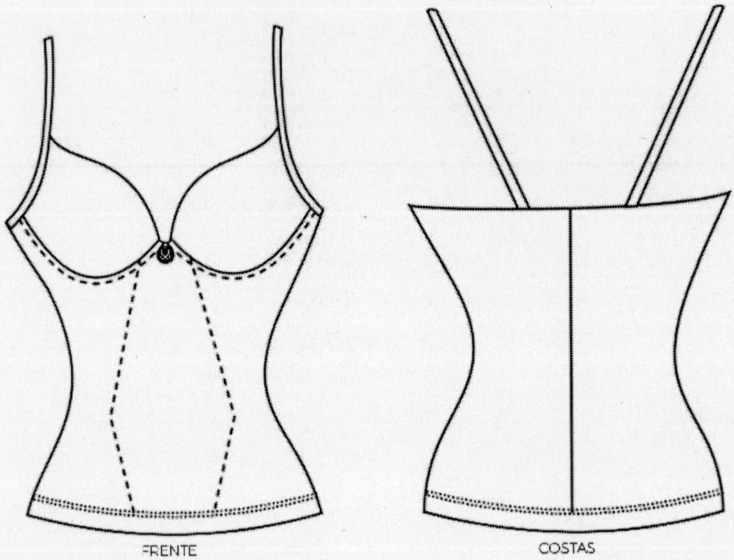

Fonte: elaborada pela autora

A camisete modeladora com bojo *demi*, além de todos os recursos da camisete *bralette*, traz bojo conformado que associa a compressão do corpo da camisete ao realce da forma dos seios em resultado do bojo conformado no formato *demi*, propiciando uma melhor adequação sob as roupas.

5.8.10 *Body* modelador *bralette*

O *body bralette* modelador trata-se de uma peça tradicional entre as linhas de *lingeries* há muitos anos, contudo, eram roupas íntimas bastante desconfortáveis. Com os avanços tecnológicos e os recursos de modelagem e de costura, os *bodies* seguem mais que simplesmente existindo, são peças mais confortáveis que no passado, trazem recortes e reforços frontais para comprimir o abdômen e afinar a cintura.

Figura 90 – Ilustração do *body* modelador *bralette*

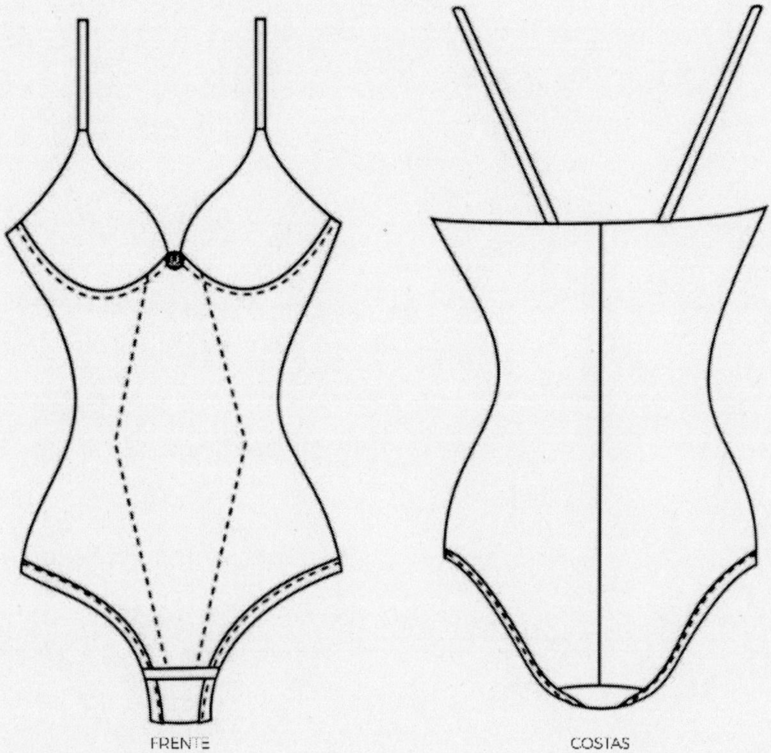

Fonte: elaborada pela autora

Esta *lingerie* também é utilizada em casos de necessidade de compressão para o pós-parto e procedimentos cirúrgicos estéticos, por exemplo.

Por atender mais de um objetivo se converteu em uma roupa íntima de uso cotidiano, possuindo opções em modelagem, a copa que pode ser termicamente moldada, ou com recursos de modelagem e costura para adaptar-se na forma dos seios.

5.8.11 *Body* modelador com bojo *demi*

Figura 91 – Ilustração do *body* modelador com bojo *demi*

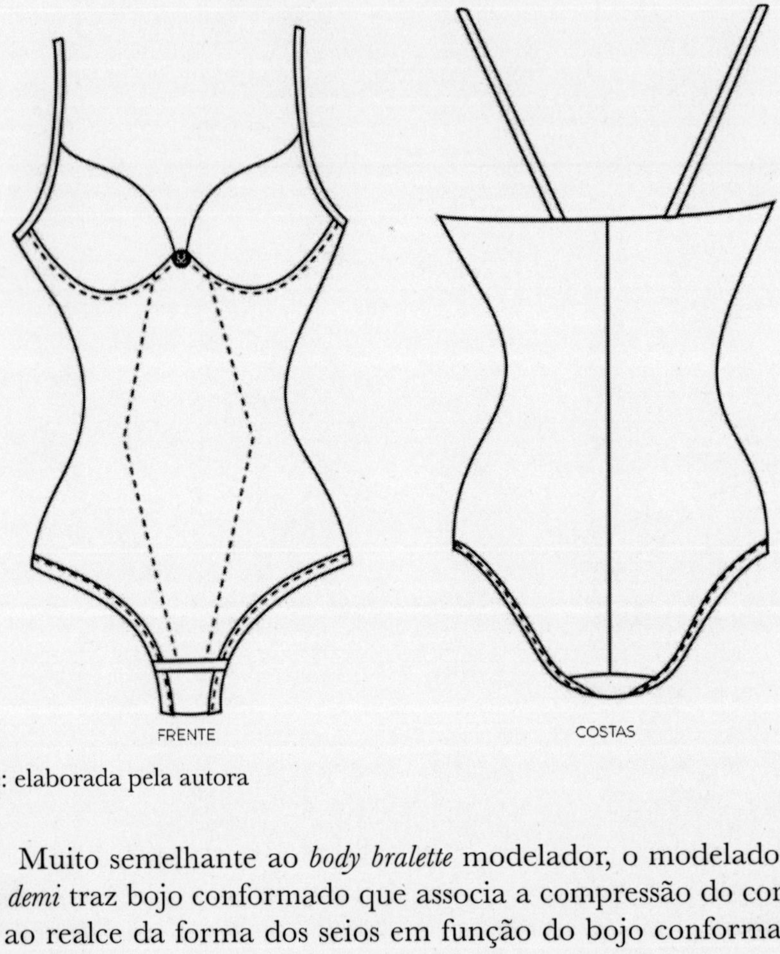

Fonte: elaborada pela autora

Muito semelhante ao *body bralette* modelador, o modelador com bojo *demi* traz bojo conformado que associa a compressão do corpo do *body* ao realce da forma dos seios em função do bojo conformado no formato *demi*, propiciando uma melhor adequação sob as roupas para o uso cotidiano.

5.8.12 *Body* modelador com bojo meia taça e alças removíveis

Figura 92 – Ilustração do *body* modelador com alças removíveis

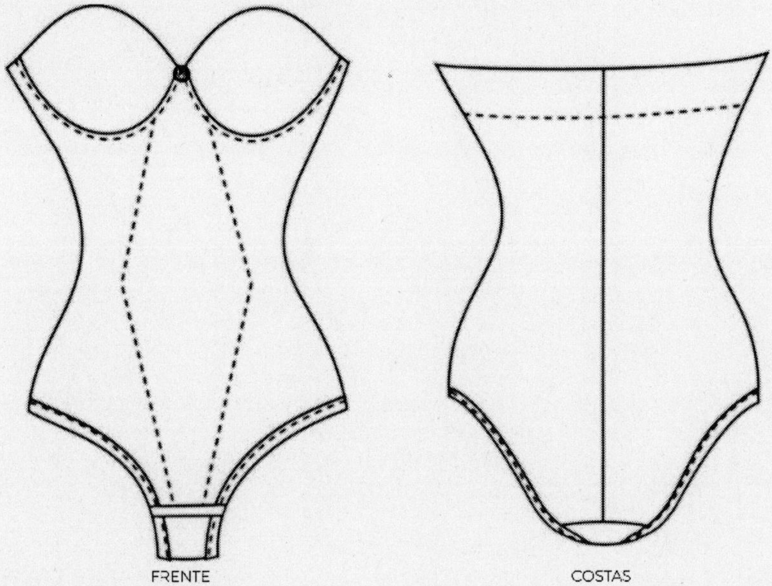

Fonte: elaborada pela autora

Corpo estruturado para comprimir o abdômen, o *body* modelador com alças opcionais trata-se de uma alternativa para o uso cotidiano ou sob roupas de festas, vestuários que exijam os ombros à mostra, sua estruturação e sustentação dispensa o uso das alças, o corpo oferece compressão por meio do micro *power*, permitindo maiores possibilidades, para vestibilidade dessa lingerie.

5.6.13 Macaquinho modelador

Figura 93 – Ilustração macaquinho modelador

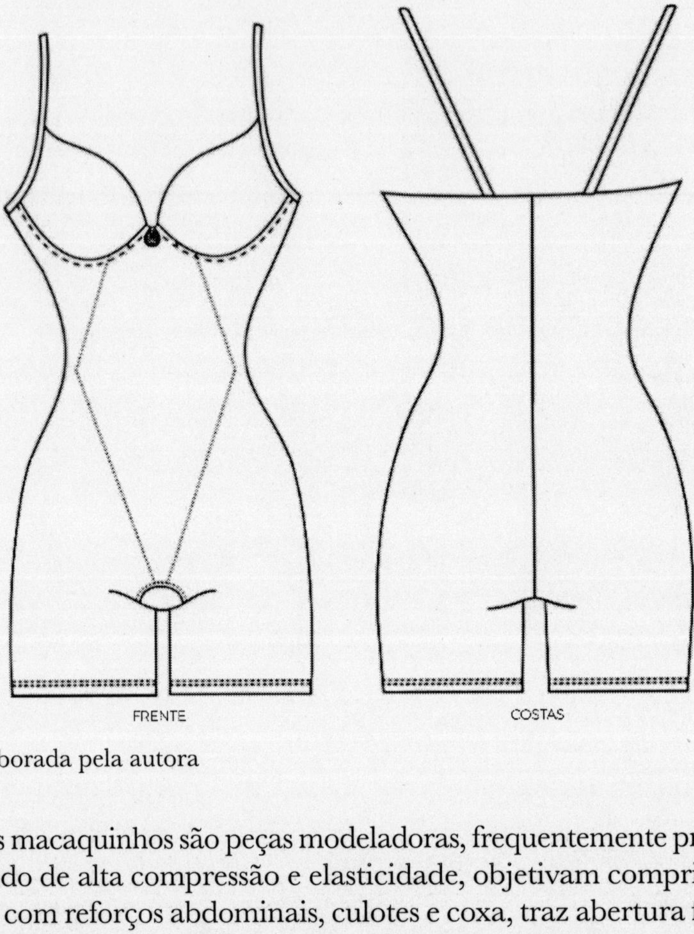

Fonte: elaborada pela autora

Os macaquinhos são peças modeladoras, frequentemente produzidos com tecido de alta compressão e elasticidade, objetivam comprimir todo o tronco com reforços abdominais, culotes e coxa, traz abertura funcional para a região pubiana, a altura pode variar do meio da coxa até os joelhos.

Trata-se de peças que podem ser desenvolvidas tanto na versão *bralette*, quando na versão com bojo *demi*.

Sua estruturação poder ser mais leve e funcional para o uso diário, mediante a composição dos tecidos ou estruturas de modelagem e manufaturas, ou adoção de recursos adicionais como reforços, alta gramatura dos tecidos e termo fusão que juntos conferem a alta sustentação, ofertando mais opções para as consumidoras. É uma peça indicada para o pós-operatório de cirurgias plásticas, lipoaspiração, lipoescultura e ortopedia, assim como, os demais *bodies* modeladores e camisetes, por ser uma peça de compressão, contribui para correção da postura durante o uso, minimizando as dores lombares.

5.9 AS PRINCIPAIS FORMAS QUE COMPÕEM AS ROUPAS DE DORMIR

Em geral, as roupas de dormir ou *sleepwear* trazem formas leves e confortáveis, peças elaboradas e com estruturadas mais complexas são constantes, especialmente, derivadas das formas detalhadas nos tópicos a seguir.

5.9.1 Camisola

Roupa feminina para dormir, semelhante a um vestido, com ou sem mangas, de comprimento e materiais variáveis; trata-se de uma peça geralmente em tecido fino e leve, frequentemente vestida pela cabeça e trazida junto ao corpo.

Figura 94 – Ilustração da camisola

Fonte: elaborada pela autora

5.9.2 *Baby doll*

O *baby doll* trata-se de uma mini camisola, uma *lingerie* bem curta, geralmente fluida, que pode vir ou não acompanhada por uma calcinha, fazendo um conjunto. Geralmente o *baby doll* remete à delicadeza, sendo uma peça mais sensual e ousada, algumas versões mais românticas e feminina, compostas por tecidos leves e fluidos, com transparências e rendas.

Curiosamente, o *baby doll* surgiu na Inglaterra em 1756, em uma versão mais comportada e discreta, configurando-se como uma peça clássica no *mix* das roupas de dormir. Sim, há mais de 200 anos as mulheres usam versões dessa indumentária, o *baby doll* é uma espécie de variação da camisola, que frequentemente, quando mais vem acompanhada de uma calcinha coordenada, sendo essa, uma opção mais sensual.

Figura 95 – Ilustração do *baby doll*

Fonte: elaborada pela autora

Alguns modelos têm a frente aberta, deixando a calcinha à mostra, comumente uma *string* ou fio *string*. Os tecidos costumam ter um toque bem suave, seguindo a proposta de sensualidade, seda, rendas e tules são os mais utilizados. Os liganetes se destacam nas criações mais tradicionais e o musseline para propostas de *handmade* com um estilo mais sensual.

As cores variam conforme a proposta das marcas, que dispõem no mercado ampla variedade de modelos com as mais diversas estampas, sem prescindir das tendências de moda.

5.9.3 *Short doll*

O *short doll* é o conjunto formado pelo *short* de dormir + camiseta leve, que pode ser justa ou fluida. Os estilos variam muito, podem ser mais casuais, de algodão, ótimos para o dia a dia, ou mais românticos, com detalhes, mistura de tecidos mais fluidos como a liganete, e detalhes em tule e renda das mais variadas larguras e texturas. Geralmente é vendido o conjunto *short* + camiseta, contudo, nada impede a mistura de cores e estampas que ocorrem conforme o DNA da marca que produz, tendências de moda entre outros fatores.

Figura 96 – Ilustração do *short doll*

Fonte: elaborada pela autora

5.9.4 Macaquinho

Derivado da forma de um macacão feminino curto, o macaquinho é leve, fluido e contemporâneo, peças muito presentes nas categorias de *sleepwear* e *homewear* com uma infinidade de variações, desatando-se principalmente nos conceitos de produtos voltados para o conforto, casual e sensual.

Figura 97 – Ilustração do macaquinho

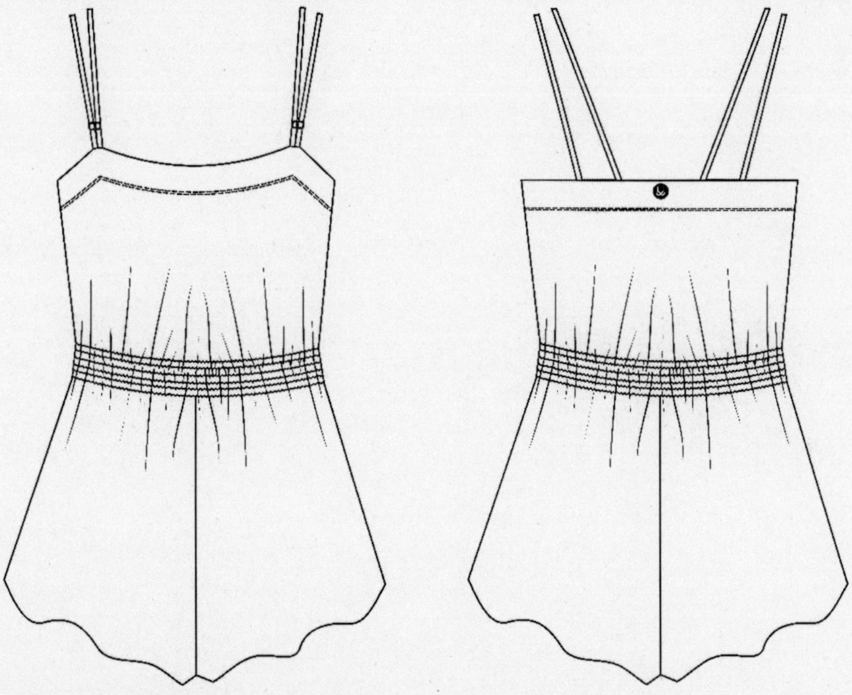

Fonte: elaborada pela autora

5.9.5 *Robe*

Uma vestimenta, em geral, aberta na frente, frequentemente utilizada por cima de uma outra *lingerie* ou de uma roupa de dormir.

O robe trata-se de uma versão contemporânea do *penhoar*, e uma versão mais leve do roupão; o que os diferenciam são as categorias em que pertencem, os conceitos de estilo, leveza e as atribuições de uso. Podem ainda estar inseridos em categorias como *underwear*, *sleepwear* ou *homewear*, diferenciando-se pelos conceitos atribuídos, onde este vestuário pode atender a todos, contudo, destaca-se em linhas conforto, casual e sensual.

Figura 98 – Ilustração do robe

Fonte: elaborada pela autora

5.9.6 Pijama

Vestuário para dormir, seja para os públicos femininos ou masculinos, constituídos de calças largas e blusas semelhantes a *t-shirt*; frequentemente produzidos em tecidos de toque macio, que podem ser leves ou não, conforme o clima de cada região onde o produto é comercializado.

Figura 99 – Ilustração do pijama

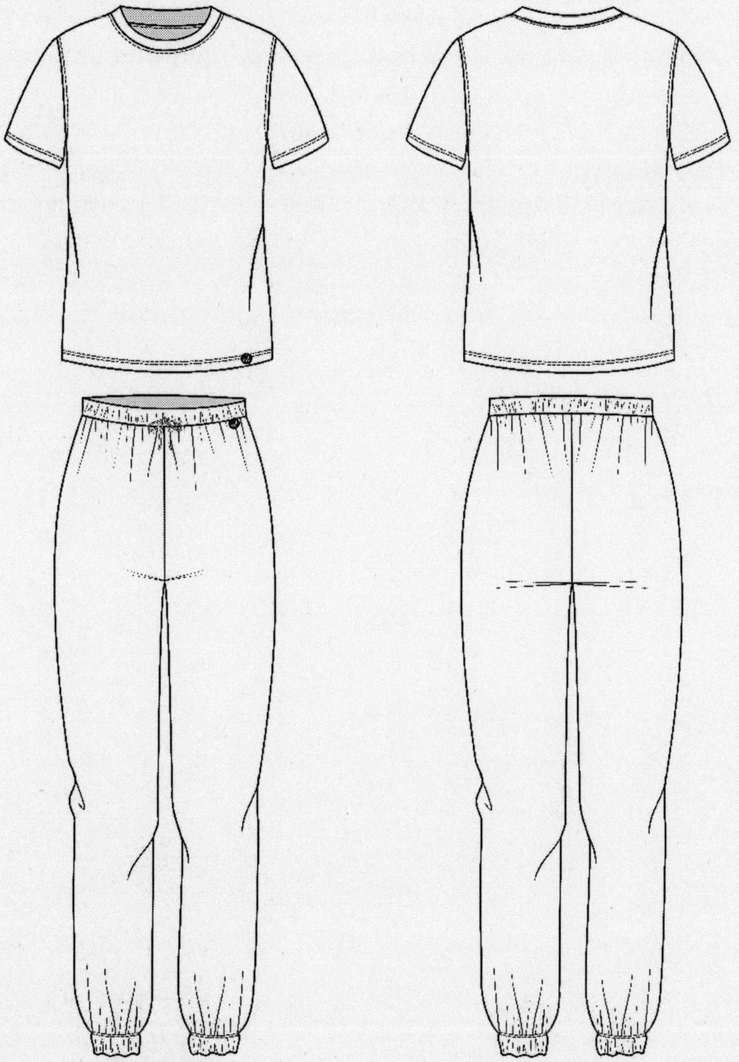

Fonte: elaborada pela autora

Em consequência da pandemia do Covid-19, e consecutivamente, das atividades em *home-office* o pijama ganhou maior popularidade em detrimento das comunicações digitais por meio das redes sociais, ampliando sua visibilidade e preferência, ganhando novas versões de suas formas, com variedade de cores, volumes e texturas.

5.9.7 O que vimos... e o que veremos a seguir?

Iniciamos com a parte I, onde foi visto definições de *lingerie*, público-alvo, segmentos e padrão de tamanhos; na parte II, pudemos observar as hierarquias dos produtos com classificação de categorias, conceitos e simbolismos; a parte III, em linhas gerais nos reservou um detalhamento objetivo das principais estruturas e formas que compões a *lingerie*; seguimos agora para a parte IV, onde trazemos uma espécie de glossário informativo sobre fibras, espécies de malhas e os tecidos para o desenvolvimento de *lingeries*, ou que fazem parte da composição dos insumos para a indústria da moda íntima, contudo, traz ainda reflexões de uso de algumas fibras e impressões do cotidiano no setor, que ora abordamos e do mundo em que vivemos.

~ Parte IV ~

QUE TECIDO É ESSE?

6

AS PRINCIPAIS FIBRAS TÊXTEIS E TECIDOS PARA LINGERIE

Para o desenvolvimento de produtos em quaisquer segmentos da moda, é necessário um conhecimento básico acerca das fibras e tecidos, em moda íntima não é diferente.

As fibras têxteis são matérias-primas fibrosas a partir da qual os tecidos têxteis são fabricados. São materiais muito finos e alongados, como filamentos, que podem ser contínuos ou cortados. As fibras servem de matéria-prima para manufatura, podendo ser fiadas, para a formação de fios, linhas ou cordas, ou dispostas em mantas, para a produção de diversos produtos.

As fibras são transformadas em fios pelo processo de fiação, que diferem entre si, e dependem do comprimento das fibras, que podem ser longas, como as fibras de seda, ou curtas, como por exemplo, as fibras de algodão ou lã, nos casos das fibras naturais.

As fibras naturais são as fibras retiradas prontas da natureza, que podem ser de origem vegetal ou animal:

Nas fibras de origem vegetal temos as chamadas fibras sementes, as mais comuns são o algodão CO[144], o linho CL[145], rami CR[146] ou juta CJ. Nas fibras de origem animal, temos fibras como a Seda SK ou S, Mohair WM, Caxemira WK e Angorá WA.

As fibras artificiais são produzidas pelo homem, porém utilizadas como matéria-prima produtos da natureza, como a celulose[147]. As mais comumente usada são a viscose CV[148], o acetato CA, o Lyocel e o Modal.

Fibras sintéticas são fibras produzidas pelo homem usando como matéria-prima produtos químicos, da indústria petroquímica[149]. As mais

144 CO — O algodão é uma fibra branca (esbranquiçada) que cresce em volta das sementes de algumas espécies do gênero *Gossypium*, família Malvaceae. Há muitas espécies nativas das áreas tropicais da África, Ásia e América, e desde o final da última Era glacial tecidos já eram confeccionados com algodão. Atualmente, somente 4 espécies são aproveitadas em larga escala para a confecção de tecidos e instrumentos médicos. Estima-se que a produção mundial gire em torno de 25 milhões de toneladas anualmente.

145 CL — O linho é uma planta herbácea que chega a atingir um metro de altura e pertence à família das lináceas. Abrange um certo número de subespécies, integradas por botânicos com o nome de *Linum usitatissimum L.* Compõe-se basicamente de uma substância fibrosa, da qual se extraem as fibras longas para a fabricação de tecidos e de uma substância lenhosa.

146 CR — O rami (*Boehmeria nivea*) é uma planta da família Urticaceae, nativa da Ásia Oriental. Trata-se de uma planta herbácea perene que cresce a alturas de 1 a até 2,5 metros; as folhas têm forma de coração, com 7 a 15 cm de comprimento e 6 a 12 cm de largura, e brancas na sua face inferior devido a numerosos "pelos", o que lhe dá uma aparência prateada; porém, ao contrário das urtigas, os pelos não são urticantes. O rami verdadeiro (*erva da China* ou *rami branco*) é a variedade cultivada na China. Conhece-se um segundo tipo, conhecido como *rami verde* que se crê ser originário da península Malaia. Este tipo possui folhas menores, verdes na face inferior, e parece ser melhor adaptado a condições tropicais. Foi introduzida no Brasil em 1939, no sul do estado de São Paulo.

147 Celulose — A celulose ($C_6H_{10}O_5$) é um polímero de cadeia longa composto de um só monômero (glicose), classificado como polissacarídeo ou carboidrato. É um dos principais constituintes das paredes celulares das plantas (cerca de 33% da massa da planta), em combinação com a lignina, com hemicelulose e pectina e não é digerível por seres humanos, constituindo uma fibra dietética. Alguns animais, particularmente os ruminantes, podem digerir celulose com a ajuda de microrganismos simbióticos. Outros, como humanos, não possuem celulase, a enzima responsável por hidrolisar a celulose em glicose, por isso não conseguem utilizá-la como fonte de energia.

148 CV — Viscose é uma fibra artificial de celulose, fabricada a partir de cavacos de madeira de árvores pouco resinosas ou do línter da semente do algodão. É formada uma pasta celulósica que por extrusão em fieiras e com o contacto de outras soluções é feita a fibra. Em 1905, a Courtauld's começou a produzir raiom de viscose. A viscose é utilizada em tecidos planos e malhas.

149 Petroquímica — A petroquímica é o ramo da indústria química orgânica que emprega como matérias-primas gás natural, gases liquefeitos de petróleo, gases residuais de refinaria, naftas, querosene, parafinas, resíduos de refinação de petróleo e alguns tipos de petróleo crus. A indústria petroquímica é organizada em produtores de primeira geração, de segunda geração e de terceira geração com base na transformação de diversas matérias-primas ou insumos. Os países com as indústrias petroquímicas de maior porte são China, Estados Unidos, Japão, Alemanha, França e Coreia do Sul.

conhecidas são o poliéster PES[150], a poliamida PA[151], o acrílico PAC, o polipropileno PP, o poliuretano PUR[152] e o elastano PUE[153], além das aramidas (Kevlar[154] e Nomex).

6.1 TIPOS DE MALHARIA

A estrutura das malhas se diferencia dos tecidos planos pela elasticidade natural que possuem, inerente ao seu processo de construção. Enquanto na tecelagem os fios de Trama e de Urdume formam uma

[150] PES — É uma categoria de polímeros que contêm o grupo funcional éster na sua cadeia principal. Apesar de existirem muitos poliésteres, o substantivo masculino "poliéster" como material específico refere-se ao polietileno tereftalato (PET). Os poliésteres incluem produtos químicos que ocorrem naturalmente, tais como a cutina presente na cutícula das plantas, e produtos químicos sintéticos obtidos por policondensação tais como o policarbonato e polibutirato. Os poliésteres naturais e alguns sintéticos são biodegradáveis, mas a maioria dos últimos não. Dependendo da sua estrutura química, o poliéster pode ser termoplástico ou termoendurecido, no entanto, a maioria dos poliésteres comuns são termoplásticos. Tecidos e malhas feitos com fios de fibras de poliéster são usados extensivamente em confecções e têxteis-lar, de camisas e calças a casacos, chapéus, lençóis, cortinados e móveis estofados. Fibras, fios e cordas de poliéster são usados em reforços para pneus, tecidos para correias transportadoras, cintos de segurança. Fibras de poliéster são usadas como material isolante e enchimento de almofadas, edredons e estofos. Enquanto as roupas sintéticas são percepcionadas por muitos como tendo um toque menos natural em relação à roupa feita com fibras naturais, tais como o algodão e a lã, os tecidos de poliéster possuem vantagens específicas sobre os tecidos com fibras naturais, tais como resistência à ruga, durabilidade e retenção de cor. Como resultado, as fibras de poliéster são muito misturadas com as fibras naturais para produzir um tecido com propriedades das fibras sintéticas sem perder o toque das fibras naturais.

[151] PA — A poliamida é um polímero termoplástico composto por monômeros de amida conectados por ligações peptídicas, podendo conter outros grupamentos. A primeira poliamida foi sintetizada na DuPont (atual Invista), por um químico chamado Wallace Hume Carothers, em 1935. As poliamidas como o náilon, aramidas, começaram a ser usadas como fibras sintéticas, e depois passaram para a manufatura tradicional dos plásticos. Atualmente, a poliamida tem estreita relação com uma família de polímeros denominados poliamídicos, e sua produção é feita a partir de quatro elementos básicos, extraídos respectivamente: do petróleo (ou gás natural), de aromas, do ar e da água (carbono, nitrogênio, oxigênio e hidrogênio.

[152]

[153] PUE — Também conhecido nos EUA e Austrália como *spandex*, o elastano, licra ou laicra (do estrangeirismo, Lycra é uma marca registada), é uma fibra sintética de elevada elasticidade, obtida através de etano. Trata-se uma fibra muito utilizada na composição de tecidos para confecção de diversos artigos do vestuário tais como: meias, meias-calças, moda íntima, moda praia e outros artigos do vestuário. Também na indústria existem utilizações: por exemplo, na fabricação de luvas para manuseamento de peças que não pode estar em contato com a pele das mãos (exemplo: componentes eletrônicos ou peças com superfície polida, como as torneiras). Há a versão essencialmente pura, sem adição de poliamida, denominada de lycra comercial ou industrial. É mais forte e duradora que a borracha (o seu principal concorrente) e foi inventada em 1959 por Joseph Shivers, da DuPont. Quando foi colocado no mercado, revolucionou muitas áreas da indústria de vestuário.

[154] KEVLAR — É a marca registada da DuPont (atual Invista) para uma fibra sintética de aramida muito resistente e leve. Trata-se de um polímero resistente ao calor e cinco vezes mais resistente que o aço por unidade de peso. O kevlar é usado na fabricação de cintos de segurança, cordas, construções aeronáuticas, velas, coletes à prova de balas, linhas de pesca, de alguns modelos de raquetes de ténis, na composição de alguns pneus, para fitas de alguns modelos de pedal de bumbo, entre outros artigos de outras indústrias.

armação rígida, na malha, um fio conduz a forma por laçadas as quais passam por dentro das laçadas sucessivas de outro fio e assim por diante.

A malharia é classificada em dois tipos, conforme as máquinas de produção e a formação do entrelaçamento dos fios: são elas, malharia por trama e malharia por urdume.

1. A primeira abrange as máquinas retilíneas e as máquinas circulares de pequeno e grande diâmetro;
2. A segunda engloba basicamente as máquinas *Kettenstuhl* ou simplesmente *Ketten* e as *Raschel*.

A principal diferença entre elas é o sentido na formação do entrelaçamento, ou seja, na malharia por trama, a tricotagem se processa no sentido da trama, ou sentido da largura do tecido, enquanto a malharia por urdimento, as malhas se formam do sentido do urdume, ou sentido do comprimento do tecido, o que exige um olhar atento de estilistas e modelistas.

Para além, da classificação da tecnologia empregada para formação do tecido de malha, existem outros que diferenciam as técnicas de entrelaçamento, como demonstrado no quadro a seguir.

Tabela 11 – Classificação dos tecidos de malha

PRINCIPAIS DIFERENÇAS ENTRE OS TECIDOS DE MALHA		
FATORES	**MALHARIA POR TRAMA**	**MALHARIA POR URDUME**
Alimentação das agulhas	Todas as agulhas são alimentadas pelo mesmo fio ou grupo de fios	Cada agulha é alimentada por um ou mais fios
Fixação das agulhas da meia malha (Jersey)	A largura é fixada pela quantidade de agulhas em trabalho (máquinas retilíneas) ou pelo diâmetro da máquina (máquina circular)	A largura é fixada pelo número de fio do urdume em trabalho
Formação das malhas	As malhas são formadas sucessivamente; malhas vizinhas são, portanto, formadas pelo mesmo fio ou grupo de fios	As malhas são formadas simultaneamente; malhas vizinhas são formadas por fios diferentes.
Destricotagem	Os artigos são sempre desmalháveis, isto é, uma vez tricotados podem ser destricotados	Os artigos são, na sua maioria, indesmalháveis, uma vez tricotados, não podem ser destricotados

Estabilidade dimensional	Os artigos possuem pouca estabilidade dimensional, se deformando com relativa facilidade	Os artigos possuem boa estabilidade dimensional, não se deformam facilmente (se comparados com a malharia por trama)

Fonte: Blog Textilia[155]

6.1.1 *Ketten*

Ketten são os tipos de tecidos produzidos em máquinas *Kettenstuhl*, ou seja, são malhas tecidas a partir do processo urdume, alimentada por carretéis de fios, que podem ser sintéticos, artificiais ou naturais, com elevada taxa de produção. Destina-se à fabricação de tecidos para moda praia, moda íntima, forração, felpados e de dupla face.

6.1.2 Circular

Os tecidos de malha em formato tubular são produzidos em teares[156] circulares. As ligações básicas são a meia-malha (jersey), o piquet, o moletom e o *rib*. A máquina pode ser de monofrontura ou de dupla-frontura, e usa cunhas chamadas excêntricas (por analogia ao processo de cala), que movimentam as agulhas de lingueta. A malharia circular pode ser dividida em dois tipos: de pequeno e de grande diâmetro.

6.1.3 Retilíneas

Esta é usada, principalmente, para a produção de golas, punhos ou peças já prontas (máquinas *fully-fashion*[157]). A indústria de malharia retilínea conta atualmente com equipamentos eletrônicos com grande capacidade de recursos. Hoje é bastante utilizada a técnica de aplicação de *jacquard*[158] em golas, principalmente escolares e de uniformes, onde

---

155 http://www.textilia.net/materias/ler/textil/maquina-textil/a_diferenca_entre_malharia_por_trama_e_urdume. Acesso em: 31 dez. 2021

156 Tear — É um aparelho mecânico ou eletromecânico empregado para fins de tecelagem. Entre as variedades existentes, há o tear de pente-liço e o tear de tricô (ou de pregos). Uma variedade de importância histórica é o tear de *Jacquard*.

157 *Fully-fashion* — Trata-se de artigo de malha que é totalmente produzido no tear — isto é, não são necessárias operações de corte, bastando unir as peças por costura. A vantagem desta técnica é o desperdício ser mínimo.

158 O tecido **jacquard** é produzido em um tear de tecelagem especial equipado com um mecanismo de padrão **jacquard**. Isso pode produzir um efeito e outras texturas espessas e tridimensionais no pano. O tecido tem o nome do francês Joseph Marie **Jacquard**, que inventou o mecanismo de padronização de estampas em 1801

se colocam o nome, o logotipo ou o detalhe desenhado, personalizando o produto final, e *entarsia* nas peças de meia malha para públicos mais refinados. A malharia retilínea também é considerada malharia de trama.

6.2 TIPOS DE TECIDOS

Figura 100 – Ilustração da trama de malha simples

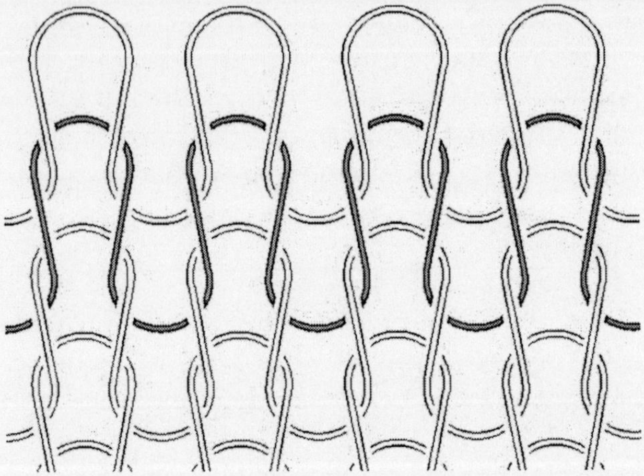

Fonte: © 2021 WikiAnt

Tecido de malha é um têxtil que resulta da tricotagem, o processo de entrelaçamento de fios ou entrelaçamento de laços. Suas propriedades são distintas das do tecido, pois é mais flexível e pode ser mais facilmente construído em peças menores, tornando-o ideal para meias e chapéus.

A malha é feita entrelaçando os fios sempre no mesmo sentido: ou todos na trama, ou todos no urdume. O processo de malharia é feito com agulhas, semelhante com o tricô.

6.2.1 Jersey

Jersey é um tecido de malha, vulgarmente conhecido como meia malha, usado predominantemente na fabricação de roupas. Ele era originalmente feito de lã, atualmente, é feito de lã, algodão e fibras sintéticas.

6.2.2 Microfibras

A microfibra é um produto têxtil fabricado a base de fibras ultrafinas que lhe conferem uma série de propriedades superiores ao resto dos tecidos. Comparativamente, as fibras de microfibras são duas vezes mais finas que a seda, três vezes mais finas que o algodão e 100 vezes mais finas que o cabelo humano.

Geralmente são compostas 80% de poliéster e 20% de poliamida. A melhor forma de entender como funciona é ver uma secção transversal de uma fibra. Esta forma especial provoca que a sujidade e os líquidos fiquem "presos" dentro da fibra. Por este motivo as toalhas, panos etc. de microfibras têm duas características únicas: limpam em profundidade sem riscar e são capazes de absorver entre sete e oito vezes o seu peso em água (o dobro que o algodão).

As vantagens dos panos de microfibras são as seguintes:

- grande capacidade de limpeza;
- grande capacidade de absorção (dobro que o algodão);
- menor consumo de agentes limpadores;
- não deixam pelo nem fios, o que evita uma segunda passagem;
- grande resistência a lavagens frequentes, não encolhem, não se deformam, não perdem propriedades, devido à alta durabilidade, seu desgaste só ocorre com o uso diário;
- podem ser lavadas a temperaturas entre 35° até 95°, o que as torna muito higiênicas;
- não necessita passar;
- não há registros de alergias;
- adaptadas a cada necessidade e especialmente sensíveis ao tacto da pele.

6.2.3 Tule

O tule elástico (ou malha elástica) é caracterizado pela sua transparência devido a sua estrutura em tule e também pela sua extensibilidade no sentido da largura e em menor medida no sentido da largura, podendo ser produzido tanto em poliéster, quanto em poliamida.

6.2.4 Malha *dry fit*

A prática de esportes com maior frequência e a busca de resultados exigiram tecidos com maior tecnologia. A malha *dry fit* foi uma resposta a essa demanda. Entretanto, vale ressaltar que *dry fit* é uma tecnologia aplicada em diferentes fibras, como o poliéster e a poliamida, resultando em uma peça de alta absorção e secagem rápida.

Nesse sentido, vale ressaltar que as peças produzidas em poliamida apresentam maior qualidade e durabilidade. Além disso, apesar de ambas as fibras serem sintéticas, a poliamida biodegradável é uma realidade, o que a torna mais interessante, por ser uma opção sustentável.

6.2.5 Malha mescla

É um tecido mesclado, feito com poliéster. Algumas indústrias utilizam também material PET para a fabricação do tecido malha mescla. Esses tecidos trazem grande variedade de gramatura, composições, sendo indicado para vários segmentos, desde as *lingeries* mais delicadas até roupas mais estruturas, assim como para a prática de esportes.

6.3 RENDAS

A renda é um tecido delicado feito de fio ou linha em um padrão aberto em forma de teia. Ela pode ser feita na máquina ou à mão, de linho, de seda, algodão ou até mesmo de ouro. É por vezes aplicada como guarnição de vestidos, alfaias e paramentos. Neste material, direcionamos nosso olhar para as rendas produzidas a partir das máquinas de tear *Raschel*.

As rendas produzidas na máquina *Raschel*, trazem larguras variadas, podendo ter estrutura de *laise*, os popularmente conhecidos no chão de fábrica como rendão, em geral, sua urela não traz acabamentos rebuscados, diferentemente das rendas estreitas que variam de 1,5 cm a 40 cm, as mais utilizadas nas confecções têm largura variável entre 16 cm a 20 cm, por serem mais comerciais em função do melhor aproveitamento, rendimento e rentabilidade.

Figura 101 – Ilustração de renda larga – *Seamless Lace Pattern with Flowers border texture*

Fonte: Free Vectors[159]

Em sua composição, as rendas podem ser produzidas em algodão, poliamida, poliéster, poliamida com elastano, poliéster com elastano. Nas opções sem elastano, as rendas não dispõem de flexibilidade e o toque pode variar de pouco áspero até suave, dependendo da fibra utilizada. Com a contribuição do elastano, as rendas ganham flexibilidade, melhor caimento, elasticidade com variação de *power* conforme a proposta do produto, além de maior resistência e durabilidade.

As rendas em geral, que tem como principal caraterística os desenhos produzidos a partir do entrelaçamento dos fios, e as rendas estreitas trazem matames trabalhados com ampla variedade de *raport*[160], segundo o desenho e largura das rendas, que trazem como objetivo o desenvolvimento desde peças completas, detalhes e acabamentos, sua estrutura refinada, propõe uma conotação feminina em total sintonia com as *lingeries*.

[159] Disponível em: freevectors.net.

[160] *Raport* — Trata-se da repetição e união para dar continuidade aos desenhos produzidos a partir do entrelaçamento dos fios.

6.3.1 *Laise*

Figura 102 – Ilustração de *laise* – *Seamless Lace Pattern with Flowers border texture*

Fonte: Go Graph[161]

Produzidas em *Raschel*, trazem uma infinidade de desenhos, tendo ainda a possibilidade de trazer as opções de rendas estreitas com os mesmos desenhos das *laises*, porém, com largura semelhante aos tecidos produzidos em *Kettenstuhl* e máquinas circulares, com maior aproveitamento, contribuindo para projetos de *lingeries* mais elaboradas, podendo ser utilizadas parcialmente em conjunto com outros tecidos, ou em sua totalidade.

[161] Disponível em: gograph.com.

6.3.2 Rendas estreitas

Figura 103 – Ilustração de renda estreita – *Seamless Lace Pattern with Flowers border texture*

Fonte: Go Graph[162]

As rendas com larguras variáveis em ter 5 cm a 8 cm estruturam *lingeries* em concomitância com outros tecidos, contribuem diretamente com os projetos de estilo e valorizados por modelagens com relativo rigor técnico. O rendimento desse tipo de renda varia entre 120 m a 80 m lineares por quilo com variação de ±7%.

Figura 104 – Ilustração de renda estreita – *Seamless Lace Pattern with Flowers border texture*

Fonte: Dreams Time[163]

As rendas com matames mais acentuados e larguras variáveis entre 3,5 cm a 5 cm e 4,5 cm a 6 cm, objetivam principalmente o embelezamento; a composição de produtos com esse tipo de renda tendem a ser utilizadas como detalhes, barras e sobreposições, sendo que a maior parte das peças são compostas por outros tecidos. O rendimento dessa categoria de renda gira em torno de 200 m lineares por quilo com variação de ±7%.

[162] Disponível em: gograph.com.

[163] Disponível em: dreamstime.com.

Figura 105 – Ilustração de renda estreita – *Seamless Lace Pattern with Flowers border texture*

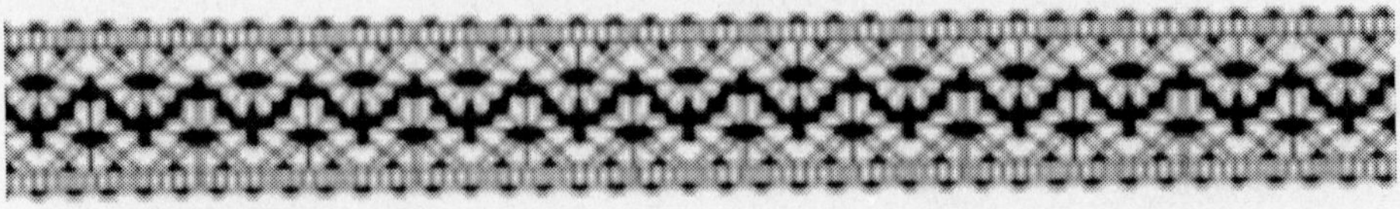

Fonte: Dreams Time[164]

As rendas estreitas com larguras entre 1,5 cm a 2 cm são comumente direcionadas para acabamentos em barras de camisolas, *short doll*, *baby doll*, alças de sutiãs e acabamentos de pijamas, entre outros projetos de estilo para *lingeries*. O rendimento desse tipo de renda gira em torno de 350 m lineares por quilo com variação de ±7%.

Em geral, essas rendas são compostas por 90% poliamida e 10% elastano, sendo que as larguras mais populares, como as rendas de 18 cm tem um rendimento aproximado de 40 m lineares por quilo com variação de ±7%.

6.4 ALGODÃO

Ao falar de fibras em moda íntima, o algodão destaca-se especialmente, pelo toque macio e a percepção habitual que o consumidor em geral realiza dos produtos provenientes da fibra de algodão relacionando-a com a saúde íntima e conforto térmico, principalmente em produtos voltados para as faixas etárias infanto e juvenis, bem como para consumidores com espécies de alergias que priorizam os benefícios do algodão.

Infelizmente no Brasil, quando se trata da produção e dos consumos, por ser uma fibra natural, por ausência de informação, tende a não ser valorizada economicamente, mesmo sendo seus benefícios muito bem recebidos, diminuindo as opções e variedades de produtos que poderiam ser disponibilizadas ao consumidor final.

[164] Disponível em: dreamstime.com.

6.4.1 Malha 100% algodão

A malha de algodão é muito utilizada na indústria têxtil por ser confortável, fresca e com toque macio. Diversos itens do vestuário são 100% algodão, desde camisetas até peças íntimas.

Existem dois tipos de malha de algodão: a penteada e a cardada.

- as malhas com fios penteados são mais macias, porque passam por um processo em que são penteadas, como o próprio nome diz. Entretanto, importante salientar que essas peças em malha penteada ficam amarrotadas com facilidade;
- a malha cardada é um pouco mais áspera, já que não passa pelo processo de penteamento, o que a torna mais barata, muito utilizada em forro de peças íntimas, com opções em fio 24 e fio 30.

6.4.2 *Cotton* com elastano

O *cotton* é um tecido com composições que podem variar de: 92% CO e 8% PUE até 96% CO e 4% PUE, com gramaturas variáveis entre 140 g/m² até 270 g/m², assim como as malhas 100% algodão, a malha em *cotton* com elastano também pode ser penteado ou cardado, tal variedade permite várias possibilidades para a criação de *lingeries*.

O elastano ou PUE é a fibra sintética que irá propiciar a compressão, portanto, ele é adicionado ao tecido para dar elasticidade. Um tecido com 92% de algodão pode ser considerado hipoalérgico, ou seja, não irrita a pele. O algodão ainda não causa eletricidade estática, por isso, sendo uma fibra com boa aceitação para a produção de itens usados mais próximos ao corpo, como roupas íntimas.

6.4.3 Malha *piquet*

A malha *piquet* é pouco utilizada na produção de *lingeries*, contudo, em algumas regiões brasileiras é utilizado em pijamas. Ganhando destaque na produção de camisas polo, podendo apresentar duas composições diferentes:

- a primeira é composta de 50% algodão e 50% poliéster, permitindo que uma fibra compense os pontos negativos da outra. O poliéster aumenta a durabilidade da peça, enquanto o algodão garante o conforto;
- a segunda opção tem composição 100% de algodão, muito mais fresca que a primeira. Entretanto, os modelos produzidos com essa composição tendem a ter maior custo.

Além disso, é importante ressaltar que a composição 100% algodão costuma ser usada na produção de camisetas casuais, usadas com frequência regular; já os uniformes de usos profissionais e escolares, trazem a composição de 50% algodão e 50% poliéster em razão da procura por um custo reduzido.

6.5 VISCOSE

As malhas em viscose são tecidos muito utilizados para a confecção de roupas femininas casuais para o dia a dia e muito utilizado nas linhas *plus size*. Por ser leve, macio, de toque suave e excelente conforto térmico, são muito bem recebidos em roupas de dormir, principalmente pijamas.

A desvantagem das malhas em viscose é a baixa resiliência, ou seja, tende a amassar facilmente. As malhas em viscose CV em composição com elastano PUE, tendem a ter maior elasticidade e maior resiliência, como é o caso da viscolycra®.

A viscose também nos convida a outras reflexões, em tempos de moda, ética e sustentabilidade é preciso repensar o consumo da viscose, visto que, trata-se de uma fibra oriunda de florestas primárias, portanto, resulta em desmatamento.

Elena Salcedo explica em *Moda ética para um futuro sustentável*[165] que a fibra de viscose é produzida por meio da extração da celulose encontrada principalmente na madeira de árvores de rápido crescimento, pobres em resíduos e facilmente transformadas em polpa. O problema é que, diferente da fibra do bambu e do *liocel*, igualmente fibras artificiais, cerca de 30% da viscose (também conhecida como *rayon*) produzida para virar roupa é proveniente de árvores nativas e ameaçadas de extinção, incluindo na Amazônia.

[165] SALCEDO, Elena. **Moda ética para um futuro sustentável**. 1 ed. São Paulo: GG Moda, 2014.

Muito embora o tema central do material que ora abordamos seja voltado para o seguimento de moda íntima, tudo que esteja relacionado com a ética, responsabilidade e a indústria da moda como um todo, entendemos como de fundamental importância, e tratando-se de uma narrativa de caráter explicativo, consideramos a sustentabilidade um assunto de muita relevância, amplamente discutido pelo movimento "Fashion Revolution Brasil"[166] com importantes reflexões no livro *Revolução da Moda: Jornadas para sustentabilidade*[167] onde abordam moda justa, ética, respeito as pessoas e a natureza, em que mencionamos de modo a promover no leitor a curiosidade e despertar a busca por aprofundamento no tema.

6.5.1 Viscolycra®

A viscolycra® é a fusão da fibra de elastano com o fio de viscose, gerando um tecido leve e confortável, usado nos países com climas quentes, principalmente. A malha é normalmente composta em média entre 93% e 90% de fios de viscose e sete a 10% de fios de elastano. Sendo o elastano que potencializa a sensação de elasticidade e caimento leve.

Uma curiosidade é que a viscose, sendo a base para viscolycra®, foi descoberta em 1891 e patenteada em 1892, mas só entrou para o comércio em 1905. O elastano foi inventado em 1959. Mas só há registro da mistura depois de 1980. A marca lycra® não tem nada a ver com esse tecido por não usar a expressão lycra® associada, e sim com a utilização da fibra elastano de outra empresa, apesar do nome.

6.5.2 Viscose mescla

Trata-se de um tecido mesclado, com efeito melange, que mescla o conforto da viscose com a tenacidade do elastano. A composição para esse tecido é de aproximadamente 88% Viscose, 8% Poliéster e 4% Elastano; largura de ±1,60 m; a gramatura ±195g/m²; rendimento em torno de 3,11/m linear e 5,13 m² com variação de ±5%.

[166] Disponível em: https://www.instagram.com/fash_rev_brasil/. Acesso em: 30 dez. 2021.

[167] ARTUSO, Eloisa; SIMON, Fernanda (org.). **Revolução da Moda**: Jornadas para sustentabilidade. São Paulo: Reviver, 2021.

6.5.3 Viscolinho

O Viscolinho é um tecido com a combinação de duas fibras naturais que propiciam excelente troca térmica, o linho e a viscose, que o caracterizam com o caimento leve, toque mais macio, com alto grau de transpiração, deixando o corpo fresco, é fácil de passar e não amassa tanto quando o linho cru, e é muito confortável ao corpo. Tem em sua aparência a característica de rústico voltado para uma linha natural, devido aos fios de linho que são aparentes.

6.5.4 Viscolinho misto

- Viscolinho com poliéster e elastano: uma malha mista com as características das fibras naturais que a compõem, com um percentual de poliéster e elastano; no entanto, com a adição do poliéster ocorre pequena redução na troca térmica, a composição aumenta a flexibilidade da malha e propicia maior liberdade de movimentos em resposta ao elastano;
- Viscolinho com poliamida e elastano: uma malha mista com as características das fibras naturais que a compõem, com um percentual de poliamida e elastano; a composição aumenta a flexibilidade da malha, mantém a troca térmica com um toque superior e propicia maior liberdade de movimentos em resposta ao elastano.

6.6 POLIÉSTER

O poliéster é uma categoria de polímeros; polímeros podem ser naturais e biodegradáveis, ou seja, estar presente no organismo de animais e vegetais e se degradar naturalmente, por meio da ação de bactérias (como a borracha, o amido, a celulose e a proteína); ou podem ser sintéticos, produzidos em laboratório (como o *teflon* e o *nylon*) e não biodegradáveis. Produtos não biodegradáveis ainda assim são decompostos pelo meio ambiente, mas esse processo demora longos anos, e nesse sentido, não podem ser considerados biodegradáveis. Este é o caso do poliéster.

Quando falamos sobre os tecidos de poliéster é interessante observar as vantagens e desvantagens de optar por esse material, principalmente no momento de escolha de tecidos para o desenvolvimento de produtos, especialmente em lingerie.

Vantagens:

1. tecidos com poliéster secam mais rápido em comparação aos outros;
2. têm preços mais atrativos;
3. por serem mais elásticos, eles amassam menos que as fibras naturais;
4. mantém a cor e a estampa por mais tempo.

Desvantagens:

1. tecidos de poliéster retém mais calor que os outros tipos, com isso, podem causar suor excessivo;
2. alguns tipos de tecidos feitos com poliéster desenvolvem *pilling*[168].

Assim como qualquer outro tecido, a produção em massa de itens que utilizam poliéster em sua fabricação causa impactos ambientais que devem ser considerados, para repensarmos como estamos utilizando determinados produtos em nossos desenvolvimentos.

Artigos com poliéster em sua composição soltam os chamados microplásticos, seja na lavagem, na decomposição ou no próprio uso. Estas pequenas partículas de plástico, que também são geradas a partir do descarte irregular de materiais que contém plástico e poliéster, possuem a característica de absorver partículas de pesticidas, metais pesados e outros produtos, os chamados Poluentes Orgânicos Persistentes (POPs).

[168] *Pilling* — uma falha no tecido causado pelo desgaste e é um defeito facial e superficial do tecido que é facilmente visto e prejudica a função estética da roupa.

Os microplásticos contaminados chegam ao oceano sendo ingeridos pelos animais que ali habitam, como peixes e frutos-do-mar. No final da cadeia alimentar, o ser humano se alimenta desses animais e ficam em contato com os POPs, que podem causar disfunções hormonais, imunológicas, neurológicas e reprodutivas, não só nas pessoas, como nos animais. Isso causa um desequilíbrio em toda a cadeia e prejudica o andamento dos ecossistemas.

6.6.1 Malha helanca ou Cacharrel

A malha helanca, é composta 100% de poliéster. Ela pode ser facilmente estampada (sublimação), por isso, é a malha mais usada na fabricação de abadás e camisetas de eventos. Na indústria de transformação, é utilizada principalmente na dublagem dos bojos para moda íntima e moda praia.

Na composição das peças em *lingeries*, o cacharrel não é utilizado com nenhuma frequência em consequência da estrutura do tecido e ocasionalmente, da fibra que compõe a malha.

6.6.2 Malha PV

A malha PV, também conhecida como malha fria, é composta por viscose CV e poliéster PES em sua composição. Sendo muito utilizada na produção de pijamas adultos e infantis, femininos e masculinos, uniformes escolares e camisetas, por possuir toque leve e não amassa muito.

Contudo, essa malha tem uma desvantagem, para o uso por horas contínuas, a roupa pode esquentar um pouco ao longo do dia em regiões de altas temperaturas, devido ter a presença do poliéster. Portanto, importante saber e considerar no desenvolvimento de produtos, que esse tipo de malha não é indicado para pessoas que costumam suar excessivamente.

6.6.3 Liganete de poliéster

Liganete é uma espécie de tecido de malha que é bastante maleável e confortável. Por causa desta característica, é muito utilizado na confecção de diversos tipos de roupas — em especial de *lingeries*. É também utilizado no circo, quando da prática de acrobacias.

6.6.4 Microfibra em Poliéster e Elastano

Além de todas as características e benefícios já mencionadas sobre a microfibra, a composição dos tecidos nessa base, associando o poliéster ao elastano, promovem maior *power*, resistência e flexibilidade de movimentos. Em geral, suas composições variam entre 94% Poliéster e 6% Elastano a 92% Poliéster e 8% Elastano, as gramaturas também variam conforme a proposta de uso, girando em torno de 140g/m² a 220g/m², essa variação se relaciona diretamente com o peso dos tecidos, objetivando adequação de produtos e realizando comparativos de rendimento *vs.* precificação, que incidem sobre a composição de custo dos produtos.

6.6.5 Tule em Poliéster e Elastano

O tule, além das características próprias desse tecido, associado ao elastano, promove maior flexibilidade e melhor caimento. As composições para esse tipo de tecido varia entre 96% Poliéster e 4% Elastano a 92% Poliéster e 8% Elastano, as gramaturas também variam conforme a proposta de uso, girando em torno de 60g/m² a 55g/m².

6.7 POLIAMIDA

Desenvolvida na década de 1930 pelo químico Wallace Hume Carothers, a poliamida é uma fibra sintética que garante ao tecido um toque mais macio, sedoso e elástico. É muito utilizada na fabricação de *lingeries*, pois o toque delicado se molda perfeitamente às curvas do corpo feminino. Outra característica da poliamida é o fato de garantir ao tecido uma refrescância, ou seja, a roupa estará sempre "geladinha". Os tecidos feitos de poliamida costumam ser leves e confortáveis, perfeitos para a rotina.

Apesar de ser uma fibra sintética, a poliamida tem características próximas das fibras naturais. Motivo pelo qual o conforto promovido lembra muito o do algodão. A poliamida também absorve bem o suor e tem uma secagem rápida, o que é ótimo para *lingeries* em suas longas horas de uso, bem como para as roupas voltadas para as práticas de atividades físicas.

6.7.1 Liganete em poliamida

A liganete se caracteriza pelo ótimo caimento, textura suave e possui boa elasticidade. Com a composição em poliamida, tende a ser comparada a uma malha fria, dado o conforto térmico. Pode ser fabricada em cores sólidas e estampadas, tendo uma demanda de mercado bastante diversificado.

Observação

Ressaltamos que a popularização dos produtos em poliéster na confecção de moda íntima no Brasil ocorre muito em detrimento da busca por produtos com preços mais competitivos, resultado também da grande infiltração dos produtos importados no mercado nacional; muito embora, mesmo com os grandes avanços tecnológicos em busca de melhorias nos artigos têxteis em poliéster, com a qualidade técnica alcançada nos produtos em relação a toque e maciez, ao tratar de qualidade, a poliamida ainda é a preferência para a lingerie, dada as suas características e qualidade superior.

Com uma composição em 100% poliamida; largura de 1,60 m; gramatura de 145g/m²; rendimento em torno de 4,31 m linear e 6,90 m² com variação de ±5%. Com todas as suas características, a liganete ainda pode ter efeito opaco e suave brilho, o que favorece a sua utilização em roupas de dormir, especialmente por sua maciez e toque suave.

6.7.2 Microfibra em poliamida com Elastano

A microfibra é um tecido fino e leve, porém, de altíssima absorção, sua composição em poliamida faz com que a absorção seja muito maior que uma microfibra em poliéster ou um pano em algodão. As microfibras, além de suas características já mencionadas, em poliamida oferecem maciez, toque extremamente suave, eficiente troca térmica, adequação às curvas do corpo e conforto semelhante aos das fibras naturais, constituindo benefícios ideais para o desenvolvimento de *lingerie*. Para outros segmentos é excelente para lavagem, secagem ou polimento. As composições para esse tipo de tecido variam entre 84% Polamida e 16% Elastano a 85% Poliamida e 5% Elastano, as gramaturas também variam conforme a proposta de uso, girando em torno de 135g/m² a 220g/m², podendo ainda ser construídos em máquinas *Kettenstuhl* e circulares.

6.7.3 *Power jersey*

Trata-se de uma malha, construída com fios distintos da meia malha, com maior poder de *power*, objetivando compressão superior, voltado especificamente para a categoria *shapewear*; as composições para esse tipo de tecido variam entre 71% Polamida e 29% Elastano a 92% Poliamida e 8% Elastano, as gramaturas também variam conforme a proposta de uso, girando em torno de 375g/m² a 275g/m², podendo ainda ser construídos em máquinas *Kettenstuhl* e circulares. Apesar do peso, são malhas que absorvem bem o suor e têm uma secagem rápida, propiciando peças de uso diário.

6.7.4 *Nylon*

Trata-se de um tecido feito com *nylon* 20, o que resulta em um tecido elástico, leve e resistente. A composição desse tipo de tecido é de 100% Polamida; largura de 1,60 m; a gramatura em torno de 35g/m²; rendimento em torno de 17,86 m linear e 28,57 m² com variação de ±5%. Um tecido muito utilizado na *lingerie* para estruturar e forrar peças, mantendo a leveza e a transparência necessária sob determinados artigos.

6.7.5 Tule em poliamida com elastano

O tule em poliamida associado ao elastano, promove maior flexibilidade e melhor caimento, tendo um resultado superior em relação ao tule em poliéster, dada a maciez e o toque suave, conferindo um efeito visual de mais leveza e resistência.

As composições para esse tipo de tecido variam entre 86% Poliamida e 14% Elastano a 92% Poliamida e 8% Elastano; largura de 1,50 m; as gramaturas também variam conforme a proposta de uso, girando em torno de 60g/m² a 55g/m²; rendimento em torno de 11,11 m linear e 16,67 m² com variação de ±5%.

6.7.6 Tule *power*

O tule *power*, assim como o tule tradicional trata-se de uma malha com efeito de transparência, construída com fios distintos, com maior poder de *power*, objetivando assim como o *power* jersey, a utilização em artigos de *shapewer* e também de artigos esportivos, dado o efeito e resistência. A composição desse tipo de tecido é de 90% Polamida e 29% Elastano; largura de 1,40 m; a gramatura em torno de 170g/m²; rendimento em torno de 4,20 m linear e 5,88 m² com variação de ±5%.

6.8 MODAL

Modal é um nome genérico para raiom, uma fibra fabricada pelo processo viscose, que possui elevada tenacidade e alto módulo de elasticidade quando exposto a umidade.

Esse tecido possui um toque macio de pele sobre pele, onde oferece conforto térmico e segurança para quem usa, além disso, ele absorve 50% a mais do suor do que o algodão, permitindo a sua pele uma melhor transpiração sem lhe causar qualquer tipo de incômodo. Outra característica das peças feitas com o tecido modal, é que mesmo depois dele passar por diversas lavagens ele continua macio, com toque suave e não perde a cor e nem o brilho da peça.

6.8.1 Modal com Elastano

Suavidade e toque macio sobre a pele, são benefícios no uso do modal, associado a troca térmica e absorção do suor, solidez de cor e brilho, essa malha associada ao elastano, propicia maior flexibilidade e melhor caimento. A composição desse tipo de tecido é aproximadamente de 93% Modal e 7% Elastano; a gramatura em torno de 170g/m².

Importante frisar...

Que o modal é fabricado pelo processo de viscose, ou seja, artificial, a viscose por sua vez, como já mencionamos, é proveniente de florestas nativas, o que contribui para o desmatamento. Mesmo os tecidos produzidos a base do cupro e da fibra de bambu, se faz necessário recordar que esse processo de fabricação implica no uso de vários produtos químicos, que podem vir a ser despejados no meio ambiente sem tratamento prévio; além desses fatores, o processo de viscose consome mais água e energia que a produção de fibras sintéticas, ademais, o desperdício é outro fator preocupante quando o assunto é sustentabilidade, segundo a Canopy*, 70% do material é descartado, ou seja, somente 30% é revertido em fibra.

*Canopy é uma empresa criada em 2016, que combina ciência e tecnologia de sensoriamento remoto para entregar soluções inovadoras em mapeamento florestal.

6.8.2 Modal *power*

Além de todos os atributos, já mencionados no item 6.7.1, o modal *power* é traduzido em um tecido com maior durabilidade e respirabilidade, além da maior capacidade de compressão que o item anterior, em face da sua composição, que para esse tecido é de 88% Modal e 12% Elastano; largura de 1,60 m; a gramatura em torno de 300g/m²; rendimento em torno de 2,08/m linear e 3,33 m² com variação de ±5%.

Importante salientar que apesar do peso característico desse tecido, este promove maior absorção e evaporação de umidade, sendo muito indicado para categorias *maternity* (pós-gestação) e *shapewear* com níveis de leve e média sustentação e conceito conforto.

7

REFLEXÕES FINAIS

Historicamente, a lingerie nos confere um diálogo capaz de observar as transformações socioculturais em que vivemos; basta especularmos os torturantes *corsets* de outrora e os compararmos aos leves e sensuais espartilhos contemporâneos. As diversas categorias de *lingeries* e a variedade de sutiãs e calcinhas, com funções básicas e funcionais, similares ao mesmo tempo que distintas, como é possível constatar ao compararmos os *bodies* do *outwear* e os do *shapewear*.

Nossas observações não precisam atravessar séculos por intermédio de longas pesquisas, basta um olhar mais atento ao mundo ao nosso redor, para percebermos que as transformações socioculturais que vivemos influenciam nosso modo de ver, vestir e nos relacionarmos com as roupas; o próprio pijama é um reflexo dessa observação, uma peça com pouca popularidade enquanto *sleepwear* nas regiões Norte e Nordeste brasileiras, contudo, ganhou maior destaque nas redes sociais, conferindo maior visibilidade e popularidade em consequência dos novos hábitos, reflexos da pandemia do Covid-19, uma peça que se consolidou, ganhando novas formas, estilos, texturas e cores.

Quantas *lingeries* revelam nossas histórias? Quebraram tabus? Quantas *lingeries* denunciam nossas transformações socioculturais? Quantos manifestos incrustados em calcinhas, sutiãs e espartilhos? Ou em suas ausências?

Em todos os mistérios que circundam toda a sensualidade e fetiche que envolve as *lingeries*, deslizamos a pena em outros mistérios, de modo a desnudar uma intimidade sem segredos, visto que a lingerie que conhecemos e vestimos hoje é reflexo das transformações femininas ao longo do século XX. Dialogando conosco sobre as rotinas diárias, necessidades de uso transformadas em funções de produtos. E como já mencionamos na introdução, trata-se muito mais de um fenômeno *bubble-up* que *trinckle-down*, porque é resultado de exigências de uma mulher contemporânea, de distintas classes sociais, diferentes etnias, diversas culturas, idades e corpos, mulheres que mudam, e mudam muito.

Importante compreendermos a efemeridade das tendências que vão e voltam, contudo, as transformações sociais que vivemos nos revelam novas necessidades que se consolidam até a chegada de novos acontecimentos, nos convidando a novos olhares, sensíveis e atentos, para pessoas que anseiam e exigem novos produtos.

Esperamos, caro leitor, ter contribuido para a construção do conhecimento em moda íntima, assim como, termos apresentado parte da intimidade que envolve o desenvolvimento de *lingeries*, pois descortinamos nesse material muitas das especificidades que envolvem a estruturação das roupas íntimas, havendo ainda muito mais a desvelar nesse segmento, repleto de encantos e mistérios. E, por que não, sedutor!

Raquel Marinho
Fortaleza, 2022

POSFÁCIO

Também me surpreendo, os olhos abertos para o espelho pálido, de que haja tanta coisa em mim além do conhecido, tanta coisa sempre silenciosa.

(Clarice Lispector – Perto do Coração Selvagem)

"Além do conhecido" como nos fala nossa saudosa Clarice Lispector, é exatamente a sensação que temos ao ler a obra, *Moda íntima: da prática à teoria – um guia com estruturas e fundamentos para o desenvolvimento de lingeries*, da minha amada amiga (e que considero grande escritora) Raquel Marinho.

Trago a citação "Além do conhecido", tanto por partes práticas e teóricas presentes no livro, que trazem um conhecimento fundamentado em muito estudo, pesquisa e leitura, feitas por Raquel Marinho, mas principalmente por suas experiências reais, com pessoas e problemas, que ainda fazem parte do cotidiano de tantas empresas em todo o Brasil.

Mas muito além da parte prático-teórica, trago aqui o "autoconhecer", e sim, é extraordinário perceber que uma obra, *a priori*, feita para ser uma ferramenta de pesquisas técnicas, práticas e teóricas, consiga ter uma linguagem tão leve, quase uma conversa, que transpõe o linguajar retórico e consegue um alcance psicoemocional, trazendo conhecimento sobre quem somos nós, mulheres, nos fazendo entender nosso corpo, o formato dos nossos seios, do nosso quadril, e principalmente entender os porquês de tantos anos "apertadas" dentro de peças, não por culpa de nossas formas sequinhas ou voluptuosas, mas simplesmente porque essas peças de lingerie, que nos prometiam sustentação, conforto e sensualidade, não foram bem construídas, pela falta desse olhar direcionado às diversidades corporais, e por insuficiência técnica corretamente direcionada. Pois sim, somos todas diferentes; e não, não é possível uma mesma peça se encaixar aos diversos biotipos tão únicos e todos tão lindos.

E é com grande alegria que assevero que a escritora Raquel Marinho soube de forma majestosa fazer esse contraponto, dando-nos o direito de escolher se queremos ter em mãos um livro de pesquisa para nossos trabalhos de criação, modelagem, costura e comercialização de produtos de *lingerie*, ou se queremos ter em mãos um livro que nos ajuda a conhecer quem somos, e entender as características de nossos corpos, e de nossas singularidades, com nossos seios que amamentaram e que sofreram as transformações da idade, seios que foram operados, ou amputados, ou que simplesmente estão se formando no início de uma adolescência... mas que são todos únicos e diferentes, tendo suas próprias histórias e vidas.

Ler esse livro é puro deleite, é como se ouvíssemos a autora nos explicando com sua voz firme, centrada em seus argumentos fundamentados. É entender o que está silenciado em nós, e que aos poucos vamos descobrindo no decorrer da leitura; é o conhecimento científico que vai sendo absorvido pelos poros ao percorrer as páginas, e vai moldando nosso entendimento, de forma clara, vaporosa, chã e absolutamente profunda, retendo nossa atenção e nossos sentidos do início ao fim, expandindo nossa consciência feminina e abrindo nossa reflexão para a necessária lucidez.

Indico essa leitura para todos aqueles que trabalham ou não com lingerie, para que busquem entender as diversas facetas da moda e da vida. Fazemos todos as nossas escolhas, somos plurais e somos únicos, temos momentos e corpos diferentes a cada soprar de velinhas, além de sermos seres contraditórios, nos revezando entre o que a sociedade nos cobra ser, e o que realmente somos, nos apertando em peças que não foram feitas para nossos corpos, tampouco para nossa essência. Compreender a própria humanidade em si mesma vai além do conhecimento técnico, e é revelador. Essa obra foi para mim um presente, trazendo-me revelações profissionais, e pessoais de forma surpreendente e inesquecível.

Um livro para ler hoje e sempre.

Uma obra para ler e vestir.

Fernanda Farias Kreitlow

Estilista, escritora, professora do curso de Design de Moda – UniAteneu e UniFB, Consultora e CEO do grupo Pense. Doutoranda em Design de moda (Uminho, Portugal)

TEXTO COMPLETO DE MARIA DE JESUS FARIAS MEDEIROS

O estudo do segmento – Moda Íntima, organizado pela autora Raquel Marinho é um guia estruturado na pesquisa com aportes da teoria e da pratica, afirmando sua autonomia profissional, com mais de três décadas vivenciadas no setor da indústria de confecção do vestuário. Sua experiência se faz na constância de estudos, pesquisas de mercado, de tendências, além de participação em feiras, viagens, seminários, mentorias e gestão focadas no seu observatório diário. Na perspectiva, ressalta-se que Raquel possui experiência pedagógica, vocação colaborativa, repertório que lhe confere *expertise* na produção deste manual.

Atenta ao público consumidor, aos ditames das tendências de moda, a diversidade de estilos, a inovação tecnológica das matérias primas e dos maquinários, ao cumprimento das normas técnicas em favor da produção do segmento, a autora compartilha com o leitor a informação, o conhecimento, necessários reunidos no setor.

O conteúdo apresentado é de fácil compreensão, didático, amparo no contexto acadêmico decorrente dos estudos apurados no âmbito sociocultural, para atender aos anseios do corpo feminino na busca de uma moda íntima com requinte de beleza, sedução, conforto e funcionalidade. Investigar, acompanhar o comportamento do consumidor, a complexidade do culto ao corpo atrelados a competição mercadológica, atributos sustentáveis exige do profissional um rito metodológico na execução de processos criativo e produtivo, setor com bastante visibilidade na moda brasileira. Registra um plano de pesquisa cuidadosa, foco no comportamento do consumidor, análises de marcas globais, atenta à produção nacional, regional agregando especificidades do contexto cultural, mercadológico e da engenharia de produção. O processo é contínuo e depende da ação sistemática, de metodologias aplicados ao público-alvo, das inovações constantes para manutenção do sistema. Decerto, as questões de manufatura, aquisição de matéria-prima e demais insumos na indústria orientam o planejamento e controle da produção-PCP, repertório tratado neste guia.

O manual aborda uma ordem a partir das bases conceituais sobre a *lingerie* com histórico numa perspectiva sociocultural, agregado ao design e a função do produto, organizado em um diagrama explicativo sobre as categorias "funcional, básico e ornamental" atributos com valores simbólicos, nomeando os tipos e estilos. O conjunto da produção se completa com a criação de desenhos técnicos elaborados, ilustrações gráficas de fácil interpretação de formas e silhuetas exaltando a diversidade de corpos identificados no segmento da moda íntima. Contudo, o corpo possui significação topológica e, neste sentido aplica-se o estudo antropométrico aos tamanhos e formas, sobre as medidas referenciais de vestibilidade, determinadas com valores normativos, recomendado pela Associação Brasileira de Normas Técnicas.

Com rigor, a autora oferece este guia aos leitores profissionais, criadores, designers, produtores, empreendedores, o instrumental de um percurso de aprendizado e reflexão sobre ações de consumo sustentável na indústria de moda.

Maria de Jesus Farias Medeiros
Professora do curso de Design de Moda – Universidade Federal do Piauí (UFPI)

TEXTO COMPLETO DE RAFAELLE MOURA

Com o crescimento da indústria da moda e a segmentação do mercado, proveniente da necessidade de especialização dos processos e, consequente, qualidade do produto e satisfação do cliente, nós, que fazemos parte do mundo acadêmico, sentimos imensa necessidade de materiais didáticos e de pesquisa que sirvam de consulta e aprendizado, tanto para docentes quanto para discentes.

Relacionando esta necessidade à *lingerie*, sentimos carência por mais pesquisadores como a Raquel Marinho, que adentram ao segmento não somente teórica, mas praticamente e nos apresentam isto em forma de obra literária, como esta que se encontra em suas mãos.

Raquel possui mais de 30 anos "vivendo" *lingerie*. Nasceu na empresa de seus pais e desde então, não deixou de absorver, compreender e trocar experiências no dia a dia do "chão de fábrica". O que lhe conferiu uma ampla visão de todas as vertentes do segmento que, nesta obra, nos apresenta por meio do olhar tanto do profissional da indústria, quanto do consumidor usuário e do expectador.

Saliento assim que sua obra *Moda íntima: da prática à teoria – um guia com estruturas e fundamentos para o desenvolvimento de lingeries*, possuindo uma leitura simples e dialética ao mesmo tempo, com conteúdo imagético de alta qualidade que, até para quem é leigo e possui somente curiosidade, permite uma fácil compreensão. Inclusive para quem deseja ainda ingressar neste segmento de mercado, ou quem adentrou e ainda não o domina muito bem em suas especificidades.

Enfim, se trata de uma oportunidade ímpar de você adentrar à indústria de moda íntima mediante leitura, conhecer os setores, os tipos de *lingeries*, suas nomenclaturas e diferenciações, além de conhecer mais sobre o mix de produtos em *lingerie*, se inteirar sobre os principais acontecimentos pertinentes ao setor como a emancipação feminina e sobre a dificuldade de algumas marcas de adequação às mudanças sociais.

Um convite que não pode ser recusado: adentre, leia e compreenda!

Rafaelle Moura
Coordenadora e professora do curso de Design de Moda (UniFB)

REFERÊNCIAS

ABIT. Perfil do setor. **Abit**, [*s. l.*] 2021. Disponível em: https://www.abit.org.br/cont/perfil-do-setor. Acesso em: 10 out. 2021.

ABIT. Produção de moda íntma deve ter alta em 2019. **Abit**, 17 jul. 2019. Disponível em: https://www.abit.org.br/noticias/producao-de-moda-intima-deve-ter-alta-em-2019. Acesso em: 10 jun. 2021.

AIRES, Aliana Barbosa. **De gorda a plus size**: a moda do tamanho grande. 1. ed. São Paulo: Editora Estação das Letras e Cores, 2019.

ALMA DE PRAIEIRA. Perfil em rede social. **Instagram**: @almadepraireira. Disponível em: https://www.instagram.com/almadepraieira/. Acesso em: 15 dez. 2021.

ALVES, Andressa Schneider; GRUBER, Crislaine. Estudo comparativo entre tabelas de medidas femininas para modelagem. *In*: Colóquio de Moda 7, 11 a 14 de setembro de 2011. ABEPEM. Maringá, PR. Disponível em: https://www.researchgate.net/publication/279852833_Estudo_comparativo_entre_tabelas_de_medidas_femininas_para_modelagem. Acesso em: 30 out. 2021.

AMADEN-CRAWFORD, Connie. Costura de moda: técnicas básicas. Trad. Flávia Simões Pires. Porto Alegre: Bookman, 2014.

ANDRADE, Gabriela. "Body positive": saiba mais sobre o movimento de aceitação do corpo. **Social 1**, 14 ago. 2021. Disponível em: https://jc.ne10.uol.com.br/social1/2021/08/13027579-body-positive-saiba-mais-sobre-o-movimento-de-aceitacao-do-corpo.html. Acesso em: 31 dez. 2021.

ARTUSO, Eloisa; SIMON, Fernanda (org.). **Revolução da Moda**: Jornadas para sustentabilidade. São Paulo: Reviver, 2021.

ASSOCIAÇÃO BRASILEIRA DE NORMAS TÉCNICAS. **ABNT NBR 16933:** Vestuário – Referenciais de medidas do corpo humano – Vestibilidade para mulheres – Biótipos retângulo e colher. Rio de Janeiro: nov. 2021.

ASSOCIAÇÃO BRASILEIRA DE NORMAS TÉCNICAS. **ABNT NBR 13377:** Medidas do corpo humano para vestuário – Padrões referenciais. Rio de Janeiro: maio 1995.

BARROS, Rahabe. Musa de bloco, Bruna Marquezine ousa no look para desfile. **Purepeople**, 10 fev. 2018. Disponível em: https://www.purepeople.com.br/noticia/bruna-marquezine-usa-look-ousado-no-bloco-da-favorita-sutia-de-pedrarias-e-hot-pants-fotos_a215289/1. Acesso em: 31 dez. 2021.

BAUMAN, Zygmunt. **Modernidade Líquida**. Rio de Janeiro: Zahar, 2013.

BAXTER, Mike. **Projeto de produto:** guia prático para o design de novos produtos. 3. ed. São Paulo: Editora Blucher, 2011.

BERG, Ana Laura Marchi. ***Corset*:** interpretações da forma e da construção. São Paulo: Editora Senac, 2015.

BETTI, Marcella Uceda. **Beleza sem medidas?** Corpo, gênero e consumo no mercado de moda *plus size*. 2014. Dissertação (Mestrado em Antropologia Social) – Faculdade de Filosofia, Letras e Ciências Humanas, Universidade de São Paulo, São Paulo, 2014. p. 94. Disponível em: https://www.teses.usp.br/teses/disponiveis/8/8134/tde-13052015-115256/publico/2014_MarcellaUcedaBetti_VOrig.pdf. Acesso em: 16 jun. 2021.

BRAGA, João. **Reflexões sobre a moda.** Volume II. 2. ed. São Paulo: Anhembi Morumbi, 2007.

CAMBRIDGE DICTIONARY. Culture. **Cambridge Dictionary.** [Recurso eletrônico]. Disponível em: https://dictionary.cambridge.org/dictionary/english/culture. Acesso em: 10 jun. 2021.

CASTILHO, Kathia; MARTINS, Marcelo M. **Discursos da Moda**: semiótica, design e corpo. 2. ed. São Paulo: Anhembi Morumbi, 2008.

COLERATO, Marina. 4 razões para você pensar duas vezes antes de optar pela viscose. **Modefica,** 27 mar. 2018. Disponível em: https://www.modefica.com.br/4-razoes-viscose-roupa-insustentavel/. Acesso em: 30 out. 2021.

CRANE, Diana. **A moda e seu papel social**: classe, gênero e identidade das roupas. São Paulo: Senac, 2006.

CURVY MODEL. Perfil em rede social. **Instagram**: @taisavasconcelosoficial. Disponível em: https://www.instagram.com/taisavasconcelosoficial/. Acesso em: 15 dez. 2021.

DUARTE, Sonia; SAGGESE, Sylvia. **Modelagem industrial brasileira.** Rio de Janeiro: Letras e Expressões, 2002.

EUGORDINHA. Campanha ousada em lingerie. **Uma beleza além do peso,** 12 dez. 2011. Disponível em: https://eugordinha.wordpress.com/tag/duloren/. Acesso em: 10 jun. 2021.

FASHION REVOLUTION BRASIL. Perfil em rede social. **Instagram**: @fash_rev_brasil. Disponível em: https://www.instagram.com/fash_rev_brasil/. Acesso em: 30 dez. 2021.

FONTANEL, Béatrice. **Sutiãs e espartilhos** – uma história de sedução. Edição Duloren. Rio de Janeiro: Editora Salamandra, 1998.

FREUD, Sigmund. **Três ensaios sobre a teoria da sensualidade e outros textos.** São Paulo: Companhia das Letras, 2016.

FUNDAÇÃO TOQUE DE VIDA. Perfil em rede social. **Facebook:** toquedevidace. Disponível em: https://www.facebook.com/toquedevidace/. Acesso em: 31 dez. 2021.

GANDRA, Alana. ABNT publica norma para definir tamanho de roupas femininas. **Agência Brasil**, Rio de Janeiro, 12 dez. 2012. Disponível em: https://agenciabrasil.ebc.com.br/geral/noticia/2021-12/abnt-publica-norma-para-definir-tamanho-de-roupas-femininas. Acesso em: 20 dez. 2021.

GUADAGNUCCI, Natália. Preta Gil, Manu Gavassi, Ludmilla e Grazi Massafera assinam coleção de beachwear para C&A. **Vogue**, 2 dez. 2021. Disponível em: https://vogue.globo.com/Apresenta/noticia/2021/12/preta-gil-manu-gavassi-ludmilla-e-grazi-massafera-assinam-colecao-de-beachwear-para-c.html. Acesso em: 15 dez. 2021.

HAWTHORNE, Rosemary. **Por baixo do pano:** A história da calcinha. 1. ed. São Paulo: Matrix, 2009.

HEINRICH, Daiane Pletsch. **Modelagem e técnicas de interpretação para confecção industrial**. Novo Hamburgo: Feevale, 2005.

HOUAISS, Antônio; VILLAR, Mauro de Salles. **Dicionário Houaiss da Língua Portuguesa.** Rio de Janeiro: Objetiva, 2001.

IEMI. Sobre moda íntima. **Iemi,** 21 fev. 2019. Disponível em: https://www.iemi.com.br/sobre-moda-intima/. Acesso em: 16 jun. 2021.

INFOPÉDIA. Cancelamento. **Dicionário Infopédia da Língua Portuguesa**. Recurso digital. Disponível em: https://www.infopedia.pt/dicionarios/lingua-portuguesa/cancelamento. Acesso em: 30 out. 2021.

INFOPÉDIA. Elastano. **Dicionário Linfopenia da Língua Portuguesa**. Disponível em: https://www.infopedia.pt/dicionarios/lingua-portuguesa/elastano. Acesso em: 30 out. 2021.

INFOPÉDIA. Persona. **Dicionário Infopédia da Língua Portuguesa**. Recurso digital. Disponível em: https://www.infopedia.pt/dicionarios/lingua-portuguesa/persona. Acesso em: 30 out. 2021.

INK'LACE INTIMATES. Perfil em rede social. **Instagram**: @inklace_intimates. Disponível em: https://www.instagram.com/inklace_intimates/. Acesso em: 15 dez. 2021.

JAQUELINE QUEIROZ. Perfil em rede social. **Instagram**: @jaqueplus_. Disponível em: https://www.instagram.com/jaqueplus_/. Acesso em: 2 abr. 2022.

JOIA, Lara Beatriz; SOUZA, Patrícia de Mello. Uma proposta de roupas íntimas para mulheres mastectomizadas. *In:* COLÓQUIO DE MODA, 13., Bauru. **Anais** [...]. Bauru (SP): Unesp, 2017. p. 2. Disponível em http://www.coloquiomoda.com.br/anais/Coloquio%20de%20Moda%20-%202017/COM_ORAL/co_6/co_6_UMA_PROPOSTA_DE_ROUPAS%20_INTIMAS.pdf. Acesso em: 31 dez. 2021.

JUNIOR, João Henrique de Souza. Fat Pride: o movimento de autoaceitação corporal e seus reflexos no mercado de moda brasileiro. Boletim de Conjuntura. **Revista BOCA**, Boa Vista, v. 2, n. 4, ano 2, 2020. p. 4. Disponível em: https://revista.ioles.com.br/boca/index.php/revista/article/view/144/144. Acesso em: 16 jun. 2021.

KOTLER, Philip. **Administração de Marketing**. 10. ed. 7. reimpressão. Tradução de Bazán Tecnologia e Lingüística. Revisão técnica: Arão Sapiro. São Paulo: Prentice Hall, 2000.

LACERDA, Fluvia. "As medidas não definem quem sou", diz top plus size Fluvia Lacerda. **Época**, São Paulo, 23 nov. 2017. Entrevista concedida a Bruno Astuto. Disponível em: https://epoca.oglobo.globo.com/sociedade/bruno-astuto/noticia/2017/11/medidas-nao-definem-quem-sou-diz-top-plus-size-fluvia-lacerda.html. Acesso em: 31 dez. 2021.

LAMAS, Luiza. O que é poliéster: a fibra do mundo dos tecidos? **Promobit**, 17 ago. 2019. Disponível em: https://www.promobit.com.br/blog/o-que-e-poliester-a-fibra-do-mundo-dos-tecidos/. Acesso em: 30 out. 2021.

LIPOVETSKY, Gilles. **A sociedade da sedução**: democracia e narcisismo na hipermodernidade liberal. Tradução: Idalina Lopes. 1. ed. Barueri (SP): Editora Manole, 2020.

LIPOVETSKY, Gilles. **O império do Efêmero**. São Paulo: Companhia da Letras, 1989.

LIPOVETSKY, Gilles; SERROY, Jean. **A estetização do mundo**: viver na era do capitalismo artista. Tradução de Eduardo Brandão. 1. ed. 3. reimpressão. São Paulo: Companhia da Letras, 2015.

LÖBACH, Bernard. **Design industrial**: bases para as configurações dos produtos industriais. Tradução de Freddy Van Camp. São Paulo: Bluncher, 2001.

MARTINS, Simone. Deusas das serpentes. **História das artes,** 29 set. 2017. Disponível em: https://www.historiadasartes.com/sala-dos-professores/deusas-das-serpentes/ Acesso em: 31 dez. 2021.

MEDEIROS, Janaina. **Costurando para fora**: A emancipação da mulher através da lingerie. São Paulo: Editora Memória Visual, 2010.

MIRANDA, Ana Paula de; GARCIA, Carol; LEÃO, André Luiz Maranhão de Souza. Moda e envolvimento: cada cabide uma sentença. *In*: **EnAnpad** – ENCONTRO DA ANPAD, 2001. Campinas. São Paulo: 2001.

MOREIRA, Tatiana Lourenço. **Moda agênero**: ativismo e consumo na indústria cultural contemporânea. 2020. Dissertação (Mestrado em Psicologia) – Universidade Federal do Ceará, Fortaleza (CE), 2020. Disponível em: http://www.repositorio.ufc.br/handle/riufc/51378. Acesso em: 10 jun. 2021.

NAZARETH, Otavio. **Intimidade Revelada**. 1. ed. São Paulo: Olhares, 2007.

NETTO, Antonio Zani. **Moda sem gênero**: um estudo para a busca de quebras de paradigmas relacionados às vestimentas. 2016. Trabalho de Conclusão de Curso (Graduação em Tecnologia em Design de Moda) – Universidade Tecnológica Federal do Paraná, Apucarana, 2016. Disponível em: http://repositorio.utfpr.edu.br/jspui/handle/1/5859. Acesso em: 10 jun. 2021.

PAZMINO, Ana Verônica. **Como se cria**: 40 métodos para designer de produtos. São Paulo: Bluncher, 2015.

PEREIRA, Edipo. Savage x Fenty Show, de Rihanna, é o novo Amazon Original. **Cosmo**, 26 ago. 2019. Disponível em: https://cosmonerd.com.br/

filmes/noticias/savage-x-fenty-show-de-rihanna-e-o-novo-amazon-original/. Acesso em: 12 out. 2020.

PEZZOLO, Dinah Bueno. **Tecidos**: história, tramas, tipos e usos. 5. ed. São Paulo: Senac, 2017.

REDAÇÃO VÍRGULA. Madonna usa reedição de sutiã-cone em abertura de turê em Tel-Aviv. **Vírgula**, 1 jun. 2012. Disponível em: https://www.virgula.com.br/modaebeleza/madonna-usa-reedicao-de-sutia-cone-em-abertura-de-turne-em-tel-aviv/. Acesso em: 30 out. 2021.

REDAÇÃO HYPENESS. Suposta Angel plus size da Victoria's Secret prova que a marca precisa ser resetada. **Hypeness**, 22 mar. 2019. Disponível em: https://www.hypeness.com.br/2019/03/suposta-angel-plus-size-da-victorias-secret-prova-que-a-marca-precisa-ser-resetada/. Acesso em: 12 out. 2020.

REDAÇÃO HYPENESS. Marca de roupa íntima andrógina faz sucesso estrondoso sem estereótipos de gênero. **Hypeness**, 5 jun. 2018. Disponível em: https://www.hypeness.com.br/2018/06/marca-de-roupa-intima-androgina-faz-sucesso-estrondoso-sem-estereotipos-de-genero/. Acesso em: 16 jun. 2021.

ROSSETI, Ana. **Roupas íntimas, o tecido da sedução.** 1. ed. São Paulo: Martins Fontes, 1995.

SABRÁ, Flávio. **Modelagem**: Tecnologia em produção de vestuário. 1. ed. São Paulo: Estação das Letras e Cores, 2009.

SALCEDO, Elena. **Moda ética para um futuro sustentável.** 1. ed. São Paulo: GG Moda, 2014.

SIMMEL, Georg. **Filosofia da moda e outros escritos**. Tradução de Artur Mourão. 1. impressão. Lisboa: Edições Textos & Grafia, 2008.

SINDIVESTE. Produtos com soluções inovadoras ajudam setor da lingerie. **Sindiveste**, Distrito Federal, 31 ago. 2015. Disponível http://www.sindicatodaindustria.com.br/noticias/2015/05/72,60828/caracteristica-e-construcao-dos-tecidos.html. Acesso em: 30 out. 2021.

SEBRAE - Associação Brasileira de Normas Técnicas. **Guia de implementação:** normas para confecção de lingerie. Rio de Janeiro: Sebrae, 2012. Disponível em: https://bibliotecas.sebrae.com.br/chronus/ARQUIVOS_CHRONUS/bds/bds.nsf/2d24e75a26cd5141330df64a78241439/$File/5297.pdf Acesso em: 10 jun. 2021.

SENAC. **Modelagem plana feminina**. 4. reimp. Rio de Janeiro: Senac Nacional, 2008.

SENAI-PR. **Modelagem industrial feminina**. Curitiba: Senai, 2006.

SIMILI, Ivana Guilherme. Roupas para mamães: corpo e gravidez nas representações para a maternidade na Revista Manequim (1963). *In:* **História:** Questões & Debates, Curitiba, v. 65, n. 2, jul./dez. 2017. Disponível em: https://revistas.ufpr.br/historia/article/view/55390. Acesso em: 10 jun. 2021.

SIMPSON, J. (ed.). **Oxford Languages English Dictionary.** 3. ed. Oxford: Oxford University Press, 2007.

TORRES, Eduardo Mc Mannis. A evolução da indústria petroquímicas brasileira. **Química nova**, São Paulo, v. 20, 1997. Disponível em: http://static.sites.sbq.org.br/quimicanova.sbq.org.br/pdf/Vol20Especial_49_v20_especial_20%2808%29.pdf. Acesso em: 30 out. 2021.

TREPTOW, Doris Elisa. **Inventando moda**: planejamento de coleções. 5. ed. São Paulo: Doris Treptow, 2013.

TESTEX TEXTILE. Pilling de tecido: o que saber, fazer e esperar, o guia completo. **Testex**, 2 nov. 2017. Disponível em: http://www.textilia.net/materias/ler/lingerie-praia-e-fitness/lpf-mercado/vendas-de-moda-intima-crescem-e-alavancam-industria-textil. Acesso em: 30 out. 2021.

TEXSITE. Malha fully fashion. **Dicionário de definições do ramo têxtil.** Disponível em: http://pt.texsite.info/Malha_fully_fashion#:~:text=artigo%20de%20malha%20que%20%C3%A9,que%20o%20desperd%C3%ADc%C3%ADo%20%C3%A9%20m%C3%ADnimo. Acesso em: 30 out. 2021.

TEXSITE. Malha fully fashion. **Dicionário de definições do ramo têxtil.** Disponível em: http://pt.texsite.info/Malha_fully_fashion#:~:text=artigo%20de%20malha%20que%20%C3%A9,que%20o%20desperd%C3%ADc%C3%ADo%20%C3%A9%20m%C3%ADnimo. Acesso em: 30 out. 2021.

TEXTILIA. Máquina têxtil – a diferença entre malharia por trama e urdume. **Textilia**, 2011. Disponível em: http://www.textilia.net/materias/ler/textil/maquina-textil/a_diferenca_entre_malharia_por_trama_e_urdume. Acesso em: 30 out. 2021.

VOVÓ QUEM FEZ LINGERIE. Perfil em rede social. **Instagram**: @vovoquemfez. Disponível em: https://www.instagram.com/vovoquemfez/. Acesso em: 15 dez. 2021.

VÁSQUEZ, Giorgiane. Maternidade e Feminismo: notas sobre uma relação plural. **Revista Trilhas da História,** Três Lagoas, v. 3, n. 6, p. 167, jan./jun. 2014.

OBRAS CONSULTADAS[169]

AMARAL, Lúcia do; JAIGOBIND, Allan George A.; JAISING, Sammay. **Confecção de tecidos em malhas**. Instituto de Tecnologia do Paraná – TECPAR. Agosto, 2007. Serviço Brasileiro de Respostas Técnicas, Paraná, 2021. Disponível em: http://sbrt.ibict.br/dossie-tecnico/downloadsDT/MTcw. Acesso em: 30 out. 2021.

ANDRILL, Thiago. Precisamos falar sobre moda e gênero. **Elle**, 7 abr. 2021. Disponível em: https://elle.com.br/moda/precisamos-falar-sobre-moda-e-genero. Acesso em: 10 jun. 2021.

AUDACES. Conheça mais sobre a moda agênero e as empresas que investem nesse conceito. Audaces, 15 mar. 2018. Disponível em: https://audaces.com/conheca-mais-sobre-moda-agenero-e-as-empresas-que-investem-nesse-conceito/. Acesso em: 10 jun. 2021.

BERNARDI, Stefania Tesi. Avaliação do comportamento de materiais compósitos de matrizes cimentícias reforçadas com fibra de aramida Kevlar. 2003. Dissertação (Mestrado em Engenharia Civil) – Universidade Federal do Rio Grande do Sul, Porto Alegre, 2003. Disponível em: https://www.lume.ufrgs.br/bitstream/handle/10183/3596/000402339.pdf?sequence=1&isAllowed=y. Acesso em: 30 out. 2021.

BLOG DA LINGERIE. O icônico corset com sutiã de cone usado por Madonna. Blog da Lingerie, 13 fev. 2012. Disponível em: https://blogdalingerie.com.br/o-iconico-corset-com-sutia-de-cone-usado-por-madonna/. Acesso em: 10 out. 2021.

CATTO, Felipe. Memória: Leila Diniz. **Felipe Catto em Foco**, 27 mar. 2018. Disponível em: https://filipecattoemfoco.com/2018/03/27/memoria-leila-diniz/. Acesso em: 10 jun. 2021.

CASTILHO, Kathia. **Moda e linguagem**. São Paulo, Anhembi Morumbi, 2004.

[169] As obras listadas nesta seção foram consultadas pela autora, mas não foram citadas diretamente em nenhum momento deste livro.

CHATAIGNIER, Gilda. **Fio a fio:** tecidos, moda e linguagem. São Paulo: Estação das Letras, 2006.

DIAS, Matheus. Etnografia. **Opus Consultoria & Pesquisa**, 31 jan. 2018. Disponível em: https://www.opuspesquisa.com/blog/tecnicas/etnografia/#:~:-text=A%20observa%C3%A7%C3%A3o%20participante%20%C3%A9%20a,o%20etn%C3%B3grafo%20respons%C3%A1vel%20pela%20pesquisa. Acesso em: 30 out. 2021.

DESIGN DE MODA. Malharia. **Design de moda**, 7 set. 2008. Disponível em: http://designroupasdemoda.blogspot.com/2008/09/malha.html. Acesso em: 30 out. 2021.

DUARTE, Nicole. O que é moda agênero e como ela se relaciona com o movimento body positive. **Pop Plus**, 27 mar. 2018. Disponível em: https://popplus.com.br/2018/03/27/o-que-e-moda-agenero-e-como-ela-se-relaciona-com-o-movimento-body-positive/. Acesso em: 10 jun. 2021.

FONTOURA, C. M. **Síntese e caracterização de poliamidas furânicas de fonte renovável**. 2015. Tese (Doutorado em Química) – Universidade Federal do Rio Grande do Sul, Porto Alegre, 2015. Disponível em: https://www.lume.ufrgs.br/bitstream/handle/10183/134197/000984868.pdf?sequence=1&isAllowed=y. Acesso em: 30 out. 2021.

LIPOVETSKY, Gilles. **Os tempos hipermodernos**. 1. ed. São Paulo: Barcarolla, 2004.

HERMES, Matthew. **Enough for One Lifetime:** Wallace Carothers, the Inventor of Nylon. Philadelphia (EUA): Chemical Heritage Foundation, 1996.

MCCRACKEN, Grant. Cultura e consumo: uma explicação teórica da estrutura e do movimento do significado cultural dos bens de consumo. **Revista de Administração de Empresas**, São Paulo, v. 47, n. 1, p. 99-115, jan./mar. 2007.

PRIBERAM. Camisola. **Priberam Dicionário online**. Disponível em: https://dicionario.priberam.org/camisola. Acesso em: 3 jul. 2021.

SCOTT, Lesley. **Lingerie**: Da antiguidade a cultura pop. Barueri (SP): Manole, 2013.

SMITH, Alison. **Corte e Costura**. São Paulo: Publifolha, 2012.

SOUZA, Gislene de. **Materiais e Processos Têxteis.** Apostila MPTEX parte 1. 2. ed. CEFET, Santa Catarina, 2016. Disponível em: https://wiki.ifsc.edu.br/mediawiki/images/0/03/Apostila_de_MPTEX.pdf. Acesso em: 30 out. 2021.

SOUZA, Gislene de. **Materiais e Processos Têxteis.** Apostila MPTEX parte 2. 2. ed. CEFET, Santa Catarina, 2016. Disponível em: https://wiki.ifsc.edu.br/mediawiki/images/3/3e/MPTEX2.pdf. Acesso em: 30 out. 2021.

VIANA, Camilla Gracino. **Desenvolvimento de coleção de roupas femininas para momentos íntimos**. 2013. Trabalho de conclusão de curso. Graduação em Design de Moda – Universidade Tecnológica Federal do Paraná, Apucarana, 2013. Disponível em: http://repositorio.roca.utfpr.edu.br/jspui/handle/1/4820. Acesso em: 30 out. 2021.

ÍNDICE REMISSIVO

D

M

N

O

P

Q

R

S

T

U

V